U0735304

二十世纪名人自述系列

罗振玉自述

罗振玉 著
文明国 编

时代出版传媒股份有限公司
安徽文艺出版社

图书在版编目（CIP）数据

　　罗振玉自述 / 罗振玉著；文明国编 .– 合肥：安徽文艺
出版社，2013.6

　　（二十世纪名人自述系列）

　　ISBN 978-7-5396-4544-5

　　Ⅰ . ①罗… Ⅱ . ①罗… ②文… Ⅲ . ①罗振玉（1866~1940）
自传 Ⅳ . ① K825.4

　　中国版本图书馆 CIP 数据核字 (2013) 第 101783 号

出 版 人：朱寒冬　　　　　　责任编辑：秦　雯

特约编辑：韩美玲　　　　　　封面设计：汪要军　闻　艺

出版发行：时代出版传媒股份有限公司　　www.press-mart.com
　　　　　　安徽文艺出版社　　www.awpub.com

地　　　址：合肥市翡翠路1118号　邮政编码：230071

营 销 部：(0551)63533889

印　　　制：北京鑫瑞兴印刷有限公司

开本：710×1000　1/16　　印张：16.5　　字数：300千字
版次：2014年1月第1版　　2014年1月第1次印刷
定价：32.00元

（如发现印装质量问题，影响阅读，请与出版社联系调换）

版权所有，侵权必究

目 录

第三编　学术主张

目
录

罗雪堂先生传略
（代序）

董作宾

　　先生讳振玉，字叔蕴，又字叔言；初号雪堂，晚以清废帝溥仪赠书"贞心古松"匾额，因号贞松。清同治五年丙寅（西元一八六六）六月二十八日，生于江苏淮安。先生先世籍浙江慈溪，南宋时有讳元者，始迁居上虞三都之永丰乡，是为上虞之始祖。二十世曾祖讳敦贤，寄居淮安之清河。父讳树勋，性和厚，淡薄自甘。

　　先生五岁入塾，从李岷江导源受学。时以羸弱多病，读书之时少。李氏赏其早慧，而又虑其不寿，当谓："此子若得永年，异日成就必远大。"故其祖母亦器异之过诸孙。七岁，已能略通文义，十三读毕《诗》《书》《易》三经。翌年，读《礼记》《春秋》。年十有五，始志于学。自言"方来岁月且长久，苟不致夭折，于古人所谓三不朽之一，或薄有成就。"是年应童试，名列第七。壬午秋，应乡试。毕，纡道白下，因览书肆，见粤刻《皇清经解》，父为购之，先生如获至宝，乃以一岁之力，读之三遍；自谓得读书之门径，盖植基于此时也。年十九，以平日读碑版之积稿，著为《读碑小笺》《存拙齐札疏》各一卷，是为先生著书之始。翌年，俞氏曲园采《札疏》入其所著《茶香室笔记》中，于是海内有疑先生为耆宿者，不知其年甫弱冠耳。

其后，为童子师，授课之暇，辄以著书自遣；经史而外，渐及小学、目录、校勘、姓氏诸学。是时先生年少气盛，视天下事无不可为，耻以经生自牖，乃留意时务。好读杜佑《通典》、顾炎武《日知录》，间阅兵家言及防河书。继思若世不我用，宜立一业以资事畜。三十后，遂有学农之志。读农家言，既服习《齐民术》《农政全书》《授时通考》等，又读西洋农书译本，惟憾其语焉不详，乃拟创农学社，以资移译西洋农书。戊戌春，与蒋伯斧创农学社于上海。先后历十年，所译农书百余种。岁庚子，鄂督张文襄以所设农务局未臻理想，亟欲改革，曾邀先生往总理农务，后以人事故，未克舒展抱负。

己亥，甲骨出土于河南小屯。后三年，先生始见龟甲兽骨文字之墨本于丹徒刘鹗寓所，叹谓："此汉以来小学家若张、杜、杨、许诸儒所不得见者也，今山川效灵，三千年而一泄其秘，且适我之生，所以谋流传而悠远之，我之责也。"遂尽墨刘氏所藏千余片，印成《铁云藏龟》，是为甲骨文字著录行世之权舆。丙午，先生至北京任学部职，始收求甲骨，迄辛亥间，所得约二三万片，其后所撰述之甲骨文字，多取材于此。"辛亥八月，武昌军兴，京师人心惶惶；时王静安氏与先生同在学部，相约各备米粮，誓守不去。九月、十月初，遂与王氏及婿刘氏三家眷属二十人赴日，是时武昌未下，京人有以为大局尚可挽回，请稍留以观其变者，先生诺之。送眷后三日，即只身返大连。翌年春，知与事无济，乃复东渡。"日人大谷伯及京都旧友富冈谦岁诸公书邀先生赴日避乱。在日期间，著述颇多。宣统元年十月，日人林泰辅作《清国河南汤阴县发现之龟甲兽骨》一文，以可疑不决者质诸先生；翌年六月，遂著《殷商贞卜文字考》一卷以答之，自称于此学乃得门径。

民国二十年辛未，时先生六十有六，以关内紊乱，忽动"勤王"之想，及冬，遂迎溥仪由天津之旅顺；冬春间，病呃，先后兼旬，欲不就医以待命，溥仪亲往慰勉。民国二十一年，伪满僭号，先生随入伪都，拜"参议府参议"。上疏辞之，溥仪允其所请，而留先生于左右，以备咨询。未几被任为"临时赈务督办"。丁丑，先生以年届七十有二，请准辞官，居旅顺，闭门习静，著书自遣，或摩挲金石，评骘书画为笑乐。庚辰（西元一九四〇）五月十四日，先生以积劳成疾，瘁然不起，溥仪闻之震悼，特谥恭敏，并赏银治丧，时年七十五。

先生毕生殚力治学，著述等身；其于学术贡献最大者，厥有五事。其一曰：内阁大库明清史料之保存。戊申冬，清宣统即位，令内阁于大库阁检回初时摄政典礼旧档，阁臣检之不得，因奏库中无用旧档太多，请焚毁，得旨允行。翰苑诸臣，因至大库求其本人及清代名人试策，偶于残策中得宋人玉牒写本残页，宁海章楼以此影印分呈张文襄及荣庆，先生因知大库藏书尚多，力请文襄整理保存归学部；允之，文襄具奏，奏中且言片纸只字不得遗弃。委刘启瑞、曹元中二人同整理，并面谕先生时至内阁相助。至是大库所存无数重要史稿，经先生悉力以争，得免毁灭。后十年，又几有造纸之厄，先生复购存之，乃得留于今世。

其二曰：甲骨文字之考订与传播。《铁云藏龟》问世后，孙仲容作《契文举例》首为考释，而考定小屯为武乙之墟，审释卜辞帝王名号者为先生。至若文字之考释，其所著《殷商贞卜文字考》一书，实上承孙氏未竟之绪，下启文字考释之端。其于殷契材料之流布，则有《殷虚书契前编》《后编》《续编》及《殷虚书契菁华》等书之印行。唐立庵曰："卜辞研究，雪堂导夫先路，观堂继以考史，彦堂区其时代，鼎堂发其辞例，固已极一时之盛。"而罗氏为甲骨学之开山祖师，厥功甚伟。

其三曰：敦煌文卷之整理：清光绪三十三年，英人斯坦因不顾法令，盗窃敦煌千佛洞大量古物返国，计写本二十四箱，重要器物五箱。法人伯希和亦取得写本十余箧，计六七千卷。宣统初，伯希和赁宅于京师苏州胡同，将启行返国，其所得敦煌鸣沙石室古卷已先运归，而以尚存于行箧者求教于先生。伯氏出示唐人写本及石刻，先生诧为奇宝。伯氏告之石室尚存卷轴约八千，以佛经为多，宜早购致京师。先生乃电请陕甘总督毛实英谋之，惟以甘肃贫瘠，恐难如愿，又请太学出金，然总监督亦谓无款；先生以为农科可节省充之，即其薪俸亦愿捐出，终购得八千卷。伯氏归国时，先生据其所得敦煌书目，择其尤者摄影，先后编成《鸣沙石室佚书》《古籍丛残》；继又选印德人所得西陲古壁书，成《高昌壁画菁华》。日人大谷伯西陲古物，先生亦据其高昌墓碑撰成《高昌麴氏系谱》，于是西陲古物乃得流传。

其四曰：汉晋木简之研究：光绪戊甲，西陲出汉晋古简千余，为斯坦因所得；斯氏请法儒沙畹教授为之考证，书成寄先生。先生乃分为三类与王静安氏任考证，先生撰《小学术数方技书》《简牍遗文》各一卷；王氏成《屯戍丛残考释》，合而成《流沙坠简》三卷。是书行世，影响于学术界者甚大。

其五曰：古明器研究之倡导：中州墟墓间所出明器，土人以为不祥之物而弃之。故世无知者。光绪丁未，估人偶携土俑为玩具，先生见而购焉；复录《唐要令》所载明器之目授之，令凡遇此类物，不可毁弃。翌年，遂充斥都市，关、豫诸地亦有至者。初所见为唐代物，寻见六朝两汉者。先生据此研究，撰《古明器图录》一书，遂启日后古明器研究之风气。此外复编印《古镜图录》、《隋唐以来古官印集存》《封泥集存》《历代符牌录》《四朝钞币图录》《地券征存》《古器物范图录》《古玺印姓氏征》诸书，传古之功，皆不可没也。

（《碑传集》）

罗振玉

自述

第一编

自述与回忆

集蓼编

　　幼罹穷罚，壮值乱离，颠沛余生，忽焉老至。念平生所怀，百未一偿，而忧患历更，譬如食蓼之虫，甘苦自喻。初不必表白于人，惟念儿子辈丁此身世，阅历太疏，故书以示之，用资借镜。我虽学行远愧昔贤，亦粗足为后昆表率。且自叙语皆质实，较异日求他人作表状，以虚辞谀我，不差胜乎？辛未秋，贞松老人书于辽东寓居之岁寒堂。

　　予家自先曾祖由上虞侨寄淮安，至予凡四叶。同治丙寅六月二十八日子时，生于淮安南门更楼东寓居，乳名玉麟。稍长，先府君名之曰宝钰。后赴绍兴应童子试，乃改名振钰，字之曰式如。入学后，又改名振玉，字叔蕴。上有两兄，予行居第三。生而嬴弱，五岁始免乳。是年入塾，从山阳李岷江先生（导源）受学。一岁之中，病恒过半，故读书之时少。但先王妣方淑人督课严，非病卧床蓐，亦令在塾静坐，听诸兄读书，往往能默记。七八岁，师为诸兄讲授，遂略通文义。师赏其早慧，而虑其不寿，谓先府君曰：此子若得永年，异日成就必远大。先王妣亦器异之过诸孙。

先王妣治家严肃，予幼时生长春风化雨中，故性至驯顺，不为嬉戏，以多病。九岁始毕四子书，十三始竟《易》《诗》《书》三经。盖十岁后，病日有加，辍读之日多。是时初学为诗文及小论，师颇赏其有藻理。十四五读《礼记》、《春秋》，尚未竟。十六乃习制举文。是岁三月，先府君送两兄返里应童子试，命偕往。时八股文甫作半篇耳。途中病作，至杭而剧。盖平日尝病喉肿，至是复大作，水浆不能下咽者十九日。延淮安医吴朴臣治之，下以大黄，得大便，乃能食饮。病时，学使太和张霁亭先生（沄卿）已定期案试绍兴，先府君欲令仆送两兄返里就试，留伴予在杭医疗。适孝贞皇后上殡，国恤停试，而予病亦愈，乃以五月初赴绍应试。试毕，先伯兄入上虞县学第二十四名，予第七名。

入学之年，予制举文尚未成篇，临试强为之，疑必不入格。正场前考经古试《卢橘夏熟赋》，学使置予卷第一。寻疑童试不应有此作，乃拆弥封，见年方十六，益疑之。正场提堂面试，并出赋卷令讲释。无误，疑始释。试毕，偕诸生面谒师，询平日所学甚悉，并告以致疑之事。且勉之曰：予历试诸郡，未见才秀如子者。然子年尚幼，归家多读书，以期远到，不必亟科名也。呜呼，师之所以期予者厚矣！

是年，先府君以质库折阅，逋负山积。及试毕返淮安数月，得藩司檄，委署江宁县丞，遂往就职，兼谋避债，携仲兄侍左右。以伯兄天资淳厚，乃命予佐先妣主家政。予少时足不逾书塾，罕接外人。至是，府君将债单并令司田租者山阳程西屏，一一与予接洽。予阅单不胜惶骇，汗出如浆。初见司田租者，如接大宾，几不能措一辞，久乃相习。予自揣才力恐不能胜，然但可以纾府君之急，不敢不唯唯于是。毕生忧患自此始矣。

先伯兄、仲兄均幼聘清河王氏女，是年倩冰人来催娶，先妣以两兄均年长，勉应之，遂诹吉。季冬，典质将事，杼柚已空。至除夕之晨，先妣至予书斋，谓岁暮祀先，尚萧然无办，命速为计。因相对雪涕。予乃急奔走称贷，至日昃乃得钱四千，于是始度岁。明年三月，长姊嫔于山阳何氏，又黾勉将事。此为予男女兄弟婚嫁之始，以后间岁有之。加以债家日聒于前，有携家坐索、累月不去者。于是先妣心力尽瘁无余矣，哀哉！

光绪壬午，为乡试大比之年，力不能赴试。先府君以日者推予命，谓当得科第，官京曹，谕勉为此行，乃同伯兄往。试毕，纡道至白下省视先府君，因流览书肆，见粤刻《皇清经解》，无力购买。灯下为先府君言之，府君乃以三十千购以见赐。予自入邑庠为弟子员，自惭经书尚未毕，乃以家事暇补习。至是得此书，如获异宝。闻先辈言"读书当一字不遗"，乃以一岁之力读之三周，率日尽三册。虽《观象》《授时》《畴人传》诸书读之不能解，亦强读之。予今日得稍知读书门径，盖植基于是时也。

予自习训诂考订之学，于制举文未能兼骛。然以先府君属望殷，遂从山阳杜宾谷先生（秉寅）受学。家事旁午，两月间才作三艺。其一为"肫肫其仁"三句。予详审书旨，意谓

"其渊其天"乃状仁之高深，仁无可象，故以天渊喻之，犹"鸢飞戾天"、"鱼跃于渊"，亦喻道之高深，上下无所不届。先生极赞文字之佳，而谓三句当平列，方合作法。予乃嗒然若丧，益知所谓中式之难。越数科，至戊子再试，归而大病，濒死。自是乃绝迹于棘闱矣。

予自十七岁始，率晨兴即接见债家，奔走衣食，晚餐后始得读书。每夕贮膏盈盏，复贮膏他器以益之。及盏与器中膏尽，则晨鸡已唱矣，始匆匆就寝，一小时而兴。如是者一年。癸未夏，乃得不寐疾，每一瞑目，则一日间语言行动，辄历历于方寸间往而复来。贫不能谒医，任之自然，羸瘵日甚，至翌春乃渐愈。先妣及先伯兄疑有他故，急为议婚。及次年孟夏，首妻范淑人来归。予时尚不知床箦间事，于是前疑乃释。

予授室后，不寐病初愈，且资禀素弱，读放翁"小炷留灯悟养生"之句，有所会。故未逾月，即别置小榻独宿，后遂以为常。室小，仅方丈许，每夕读书，榻上置卷帙。范淑人屏当案上物，俾得展阅，已则持衣物侧坐缝纫，儿啼则往抚之。予丙夜就寝，淑人必为予整书卷、理衾枕，始伴儿眠。往往匝月不通一语，恐妨予读也。噫，今日更安得见此贤明妇人耶！

淑人广东连平人，王父骧，江苏知县，考玉麟，候选光禄寺署正。妣颜安人。淑人长予一岁，年二十来归，恪循妇道。值吾家中落，斥装、佐饔飧、井臼、浣濯、刀匕、乳哺之事，无不自任之，无怨色。及先兄不禄，淑人出所御金练易钱，乃得入敛。予益服其明大义，家人亦莫不嗟叹。而嫂氏顾以为市恩沽誉，于是家难遽兴，乃益无生人之趣矣。

自先伯兄逝后，生计益穷，一门之内，气象愁惨，终岁如处冰天雪窖中。时先王妣深以株守为非计，私戒予曰：门祚至此，异日能复兴者，汝耳！汝母以田产由我辛苦手置，誓死不忍割弃一稜。志固可嘉，然愚亦甚矣！亟宜弃产之半，以还急债。俾汝得负米四方，门祚之兴，乃可望也。若母子相守，即并命，亦何益？汝妇贤明，必能佐汝母，可无内顾忧。汝幸从我言，吾且为汝母言之。顾当时米价贱，一石才二千钱，谷价半之，田不易售。先王妣既以告先妣，先妣许予外出。私念出将何之？姑至金陵谋之先府君。予妇乃质衣物得千钱，附钱船往。既至，先府君，为言方今谋食者多于牛毛，有仍岁处谒舍，尚未得一枝栖者。汝贸然来此，冀以旦夕遇之耶？既至，且留数日归耳。予闻之，且悲且喜。喜者，终不忍以艰巨独诒吾母；悲者，天壤之大，竟无一负米之处也。为之方寸如割，骤病目（历两旬乃愈，左目从此遂翳）。于是留三日，复附他舟归。方予行后，适有往金陵者，予妇以敝衣质百钱，手制一钱袋，置其中寄予，备旅中匮乏。至，则予已行矣。予既归，不得已乃谋为童子师，得山阳刘氏馆，岁脩二万钱。此为予谋食之始。已而移帐邱氏及丹徒刘氏，先后凡五六年，馆谷以渐加丰，然终不逾岁脩八万钱。

当是时，予薄有文誉，尝为人捉刀作书院课卷。予姊夫何益三孝廉（福谦）尝以孝廉堂经古卷属予代作，诗题为《桃花鱼》得桃字。予用《毛诗传》"鱼劳则尾赤"语，有"赪尾不缘劳"句。时校阅者为清河崇实书院山长南丰刘兹民先生（庠），于此句加抹，阑上批"杜撰"二字。予意诗虽不佳，然非杜撰，偶为蠡屋路山夫大令（坯）友言之。不知大令固与刘君旧交也。一日兹民先生忽过访，予颇讶其无端。及接见，先生曰：钦君渊雅，故专诚拜谒，且谢失检之咎。世之山长有并《诗传》亦不知者，尚可抗颜为人师乎？实因衰病，遣他人阅之，竟不及检点，咎实在予。幸山夫为予言之，且喜因此误得与足下订交。此后试卷即请代阅，当割岁俸以供菽水，可乎？予惶恐逊谢。先生不可，曰：契友中无通人可托，故以托某孝廉，致诒笑柄。幸君为老朽代庖，俾不致再诒诮，则为幸多矣。予不得已允之。然孝廉堂应试者多父执，恐滋物议，乃请先生秘之。为阅卷年余，而却其馈，因先生岁入固不丰也。先生以为歉，时适海州修方志，先生乃因淮扬道谢观察（元福）荐予于州牧。观察为先生门生，州牧又观察门生也。

先府君时权判海州，予往省且拟就聘。至则州牧邀予饮，并集州绅商志例。予谓旧志出唐陶山先生（仲冕）手，体例甚善，不烦别作，但为续志可矣。坐中有石室书院掌教嘉兴姚君（士璋），谓旧志亦多疏误，宜别撰。予曰：旧志有疏误，别为补正数卷，何必改作？州牧为军功出身，不知所可否，以予为其师所荐，趣予议，诸绅闻之亦不怿。予归以告先府君，府君为言：志局一席，姚山长已与州绅有成议，而州牧忽聘儿，宜其不悦。儿若就聘，此后掣肘必多矣。予乃恍然，亟托辞却聘归。今日书之，以志前辈虚衷可佩，且以记予当日所遇之辄穷也。

予家无藏书，淮安亦无书肆。每学使案试，则江南书坊多列肆试院前。予力不能购，时时就肆中阅之。平日则就人借书，阅后还之，日必挟册出入。当日所从借书者，为姊夫何益三孝廉、丹徒刘渭清观察（梦熊）、蝥厔路山夫大令、清河王寿萱比部（锡祺）、山阳邱于蕃大令（崧生）、吴县蒋伯斧学部（黼）。予服习经史之暇，以古碑版可资考证。山左估人刘金科，岁必挟山左、中州、关中古碑刻至淮安。时贫不能得，乃赁碑读之，一纸赁钱四十。遂成《读碑小笺》一卷，又杂记小小考订为《存拙斋札疏》一卷。予妇脱簪珥，为予刻之。此为予著书之始。寻德清俞曲园太史（樾）采予札疏中语入所著《茶香室笔记》中。于是海内多疑予为老宿，不知其时甫弱冠耳。

予自授徒后，课余辄以著书自遣。经、史以外，渐及小学、目录、校勘、姓氏诸学，岁必成书数种。然是时年少气盛，视天下事无不可为，耻以经生自牖，颇留意当世之故。虽处困，志不稍挫。好读杜氏《通典》及顾氏《日知录》，间阅兵家言及防河书。自河决郑州后，直、鲁、豫三省河患频仍。及张勤果公（曜）抚山东，锐意治河。而幕中有妄人某假贾让"不与河争地"为说，谓须放宽河身。上海筹振绅士施少钦等至，欲以振余收买河旁民地，以益河身。予闻而骇然，谓今日河身已宽，再益之，则异日漫溢之害且无穷。乃为文万余言驳之。丹徒刘君渭清见予文，以寄其介弟铁云（鹗）。时铁云方在山东佐河事，予与之不相识也。铁云见予文，乃大惊叹，以所撰《治河七说》寄予，则与予说十合八九，遂订交焉。且为予言于勤果，勤果邀予入幕，以家事不能远游谢之。然当日放宽河身之说，竟以予文及铁云说而中辍。此亦予少年时事之可记者也。

自丙戌家难起，予幸以授读，故晨出夕归，归即屏当家事，绝无余暇。虽有闻见，亦以聋瞽处之。予妇则日处闺中，无可避免。所遇则怡然顺受，然隐痛深矣。自年二十来归，九年间凡生男女各二，皆自乳鞠。长男出嗣先兄，次男生而不育，长女幼多病，抚育至劳。及次女生产后，遂致疾。至壬辰三月，卒以劳瘵亡。是年冬，嫂王氏亦病瘵卒，相距不一岁也。逮岁末，双榇并举，同殡于南郭外之五里松成子庄。

淑人明达，有先识。尝语予曰：吾家虽中落，以夫子学行，必再兴门户。但妾赋命薄，恐不能终事君子耳。老母半生苦节，未答劬劳，诸弟必不克负荷，念之滋戚。异日将以是累夫子矣。予惊其言不祥，曰：是何言？人生祸福，安可逆知。使他日果如卿言者，必不孤所托。君闻而慰谢。弥留时，更言之。及君亡后十年，予履境稍裕，事君姒颜安人先后垂三十年，幸不负所托。呜呼，十载牛衣，差可酬九原者，仅此而已。

予自辛巳佐家政，至壬辰凡十有二年。是时予男女兄弟婚嫁始毕，当先长兄姊婚嫁尚勉力支持。及予聘妇，益拮据，将事，勉措十万钱备礼而已。后遂以为率遣嫁倍之。然即是先姒之耗心力于子女者，已竭尽无复余矣。且每值婚嫁，债家益煎逼。至予聘妇日，债家有芮姓老孀，诅祝于门，亟以礼延入，宾之，始愧而止。至是又值死丧之威。淑人殁后，长男由先姒抚之，两女则寄养外家，予乃形影益孤矣。

予少时两值兵事：一为法越之役，予尚在塾读书；一为日韩之役（即中日甲午战争），则予年已二十九。时方究心兵家言，日陈海陆地图读之。时我国大兵云集山海关，以卫京师，沿海兵备颇虚。予虑日本避实捣虚，先袭我海军，闻者皆笑其妄。乃日本果由金复海盖进兵，我海军燔焉。于是笑者又誉为

"先识"。其实避实捣虚乃兵家之常，当时乃以是推。"先识"可谓不虞之誉矣。

先妣自连遭两丧，心力两穷。及甲午夏病疟，尚力疾理家政，后延绵不愈，致成湿温。予时馆宿于外，先妣不许荒馆政，令仆告已愈，禁予归省。一日私归省视，乃知病势甚重，因留侍左右，而诳称晨出夕归。乃于先妣榻侧置一小床，俾大儿宿其上，因先妣平日与长孙同卧起也。予则昼夜侍疾，逾半月疾益笃，昏不知人，而撩衣摸席，诸败症悉见。至乙夜，六脉垂绝，肢冷至肘。予仓皇叩医者门，商进参汤。医者谓病系湿温，不可进参，谢不处方。予平日深以毁体为非孝，至是计无复之，乃剪臂肉授季弟，同高丽参两许同煎以进。比鸡鸣，则肢冷渐回，六脉亦复，达旦遂发狂。乃复延医，进清热涤痰剂。又月余，疾始退，卧床者半岁乃复常，予不解衣带者数阅月。方先妣病剧时，季妹又以伤寒卒。所遇之穷，殆非人所堪。而予于季妹病不能加意医药，负疚终身，至今回忆，犹中肠如割也。

予自丧偶，初意不复再娶。乙未春，先妣为聘山阳丁氏女为继室。以夏初赘于丁，三日而归。丁氏之先，蒙古人，山阳大河卫籍。继妇考荀，山阳廪贡生，老儒也。方范淑人病亟时，语予曰：妾一旦不幸，君且奈何？予曰：俟宿累清，子职尽，当被发入山耳！淑人喟然曰：夫子负济世之志，此何可者？且子女将如何？予曰：男由吾母抚之，女以托君母。淑人曰：吾母必善抚两婴。然吾家人众，何可久长？妾意期丧毕，夫子即宜续娶，以纾内顾忧。若夫子由此遂鳏，妾在九原，亦不瞑也！予曰：不虑衣芦之事乎？淑人曰：此亦视孺子所遭何如。且妾知君必不尔也。至是，予不敢违先妣命，复念淑人遗言，遂违初志。幸丁淑人性亦温厚，既来归，即与谒颜安人，母事焉，乃携次女归。然至是予之世网，乃益不可脱矣。

予频年以馆谷资家用，所入虽微，然时物价廉，于饔飧不无小补，而债务仍不能清偿。自先妣病后，精神不能如前，而忧劳未尝稍减。予感先王妣遗训，乃泣请于先妣，谓宜割产少许以纾急难，先妣许之。乃售泾河岸薄田百亩，得钱千余缗。复割越河腴田百亩，质于蒋君伯斧，贷钱二千缗，以偿宿逋之尤急者。于是，朝夕耳目始得稍宁。时我国兵事新挫，海内人心沸腾，予亦欲稍知外事，乃从友人借江南制造局译本书读之。先妣斥之曰：汝曹读圣贤书，岂尚有不足，何必是？且我幼年闻长老言五口通商事，至今愤痛。我实不愿汝曹观此等书也！予窃意西人学术未始不可资中学之助，时窃读焉。而由今观之，今日之伦纪荡尽，邪说横行，民生况瘁，未始不由崇拜欧美学说变本加厉所致。乃知吾母真具过人之识也。

予少时不自知其谫劣，抱用世之志。继思若世不我用，宜立一业以资事。畜念农为邦本，古人不仕则农，于是有学稼之志。既服习《齐民要术》《农政全书》《授时通考》等书，又读欧人农书译本，谓新法可增收获，恨其言不详。乃与亡友蒋君伯斧协商，于上海创学农社，购欧美日本农书移译，以资考究。时家事粗安，乃请于先妣，以丙申春至上海，设《农报》馆，聘译人译农书及杂志，由伯斧总庶务，予任笔削。及戊戌冬，伯斧归，予乃兼任之。先后垂十年，译农书百余种。始知其精奥处，我古籍固已先言之。且欧美人多肉食、乳食，习惯不同，惟日本与我相类。其可补我所不足者，惟选种、除虫及以显微镜验病菌，不过数事而已。至是益恍然于一切学术求之古人记述已足，固无待旁求也。

自甲午兵败后，国势顿挫，人心震叠。南海康君（有为）于会试公车北上时，纠合各省举子上万言书，首请变法自强，并创强学会于京师。是时亡友钱唐汪君穰卿（康年）以新进士不应朝殿试，至上海，创《时务报》馆，聘新会梁君（启超）任撰述，译欧美报纸载瓜分之说，以激励人心，海内为之震动。予既至上海，见士夫过沪江者，无不鼓掌谈天下事，而《时务报》专以启民智、伸民权为主旨。予与伯斧私议，此种议论，异日于国为利为害，是未可知。且当时所谓志士者，多浮华少实，顾过沪时，无不署名于农社以去，是宜稍远之。伯斧韪焉。故在沪十年，黯然独立，不敢与诸志士相征逐也。

嗣后与汪君交渐深，知汪君固笃厚君子，志在匡时，实无他肠。乃私戒以公等日以民智、民权为说，抑知民气一动，不可复静；且中土立国之道，在礼让教化，务安民而已。今日言富强，恐驯致重末忘本。且古者治法、治人并重，今弊在人耳，非法也。至欲以民权辅政府之不足，异日或有冠履倒置之害，将奈何？汪君曰：礼教，本也；富强，末也。吾固知之。然医之疗疾，急则治标。且伸民权，亦非得已。君不见今柄政者苟且因循，呼之不闻，撼之不动，此可恃乎？吾曹今日当务合群，不可立异。君胡为此言？予知汪君是时尚未悟也。乃未几，报馆中主撰述者某某，以私意忿争，致挥拳相向，杭人某伤粤人某。于是杭、粤遂分党派，渐成水火。梁君遂去沪，就湖南时务学堂之聘。后戊戌康君在京，电命上海道蔡和甫观察

（钧）令汪君将《时务报》限期交出，及出使日本大臣黄氏（遵宪）过沪，复得电饬汪君即日交代。至是汪君始悟所谓"合群"之说不可恃，而所谓同志不能保终始矣！

当《时务报》开办之初，不仅草野为之歆动，疆臣中如鄂督张文襄公亦力为提倡，札饬各州县购读，且于练兵、兴学、派遣学生留学海外诸事以次奏行。及梁氏赴湘，文襄邀与谈，竟日夜。始知其所主张必滋弊，乃为《劝学篇》以挽之，然已无及矣。至戊戌春，康君（康有为）入都，变法之事遂如春雷之启蛰，海上志士欢声雷动，虽谨厚者，亦如饮狂药。时江督刘忠诚公奉行新政独缓，康君弟子韩某一日谓予曰：顽固老臣阻新法尚力，但不日即有旨斩刘坤一、李鸿章首，以后即令行如流水矣！予惊骇其言，以为必致乱，乃至八月而政变之事果作。由是驯致己亥之立储、庚子之拳祸，国是遂不可为矣。

方是时，朝旨禁学会、封报馆，海上志士一时雨散。《农报》未经查封，予与伯斧商所以处之，伯斧主自行闭馆散会。然是时馆中欠印书资，不可闭。予乃具牍呈江督，请将报馆移交农工商局，改由官办，并托亡友仪征李鹤侪大令（智侪）面陈刘忠诚公。公曰：《农报》不干政治，有益民生，不在封闭之列。至农社虽有乱党名，然既为学会，来者自不能拒，亦不必解散。至归并农工商局，未免掠美，有所不可。大令为言虽制军意在保全，奈财力不继何？忠诚乃亲批牍尾，令上海道拨款维持。沪道发二千元时，予赴淮安省亲，岁暮归沪，伯斧已将此款还印费，不存一钱，感于时危，归淮安奉母。予以忠诚盛意不可负，乃举私债继续之。于是，农馆遂为予私人之责矣。

方予译印农书、《农报》，聘日本藤田剑峰学士（丰八）杼译东邦农书。学士性伉直诚挚，久处交谊日深。一日予与言中日本唇齿之邦，宜相亲善，以御西力之东渐。甲午之役，同室操戈，日本虽战胜，然实非幸事也。学士极契予言，谓谋两国之亲善，当自士夫始。于是，日本学者之游中土者，必为介绍。然苦于语言不通，乃谋创立东文学社，以东文授诸科学，谓必语言文字不隔，意志始得相通。乃赁楼数楹，招生入学。藤田君任教务，农馆任校费。予与伯斧以农社事繁，乃举亡友邱君于蕃任校务。时中国学校无授东文者，入学者众，乃添聘田冈君（岭云）为助教，上海日本副领事诸井学士（六郎）及书记船津君（辰一郎）任义务教员，授东语，学社乃立。继是日本亦创同文会，会长近卫公（笃麿）及副会长长冈子（护美）均来订交，日以同文、同种之义相劝导，意至诚切。于是两国朝野名人，交谊增进。顾以东邦人士派别不同，有主两国政府亲善者，有主两国志士亲善者，遂至有赞助革党之事，于是亲善终不得实现。此固非予与藤田君当日所及料，至今有余憾也。

学社创于戊戌仲夏，及八月政变，校费无出。邱君乃去沪，生徒散者三之一。而高材生若海宁王忠悫公（王国维）、山阴樊少泉（炳清）、桐乡沈忻伯（纮），两文学均笃学力行，拔于俦类之中，不忍令其中辍，乃复由予举私债充校费。幸一年后，社中所授历史、地理、理化各教科，由王、樊诸君译成国文，复由予措资付印，销行甚畅，社用赖以不匮。方予一身兼主报、社两事，财力之穷，一如予之理家。同辈赞予果毅，且为予危，其实此境固予所惯经也。

方戊戌新政举行，浭阳端忠敏公（端方）镇压四川保路运动时，于资州被起义军杀死。生前搜集古彝器甚富，任农工商大臣，锐意兴农，移书问下手方法。予谓欲兴全国农业，当自畿辅始。昔怡贤亲王议兴畿辅水利，竟不果行。公若成之，不朽业也。因寄畿辅水利书，附以长函。公阅之欣然，乃先议垦张家湾荒地。而值八月之变，公出任外吏，濒行遗予书，谓兴农一事，朝旨不以为非，君若愿北来，当言之当道，必加倚重。予意颇动，寻念去庭闱远，且不知任事能否无阻，乃谢之。时与公未识面，通书问而已。然与公订交，实自此始。

自戊戌政变，当时所谓志士者，咸去沪。及庚子北方拳祸起，又复猬集，遂有长江之变。时当事诸人亦自知力不足，乃隐通海军，复结沿江会匪为后援。及大通一败，汉口未发再败，海军袖手不动，而会匪尚居沪上。有湘人李某者，任上海某局文案，亦与闻长江事，惧连染，乃诣江督告密，谓事变由会匪煽动，簿其名以上，且自请捕之。江督许焉。时汪君穰卿主《中外日报》馆，已练达世事，议论日趋稳健。顾平日负侠气，闻而不平，谓会匪诚可诛，然既与同谋，败而下石倾险，孰甚焉？乃阴资诸会匪纵之去。某愤甚，于是又以汪某实为首领告。穰卿时方在白下，不知已遭刊章。其友陶矩林观察（森甲）知之，不义其乡人所为，密卫穰卿出险，并以实语江督，某乃接浙去沪。事先穰卿不以告，恐予阻之。后闻其事，相与叹人心之险，益以危行戒穰卿。此后予有言，不复拒矣。又是年，长江诸督与各国领事订互保之约，南方幸得无事。然沪上恒舞酣歌如故，一若不知有两宫蒙尘，北方糜烂者。予乃益感民德之衰，为之寒心。

是年秋，予方拟措资，将历年所译农书编印丛书百部，充农馆经费。款尚未集，鄂督张文襄公电邀予总理湖北农务局，以馆事不可离谢之。公不许，且两日三电促行。不得已，乃权将馆事托沈文学（绂），拟到鄂面辞。既上谒文襄，问所以坚辞之故，予据实以对。文襄问：丛书百部，得价可几许？曰：约五千元？问：印费几许？曰：半之文。襄曰：农馆经费，易事耳。五千元所得，微可印二百部。书成，当札饬各州县购之，君勿虑此。现以鄂省农政相烦。此间设农务局已三年，并设学堂授农、蚕两科。总办某观察不解事，命提调某丞任学堂监督，近该丞力陈学生窳败，教习不尽心，讲课惟诛求供给，非停校不可。我意国家经费及学子光阴均当矜惜，故请君任农局总理兼该堂监督，其即日视事，详察情形，早日复我。予以力不胜谢，文襄谕以勉为其难。予既退，提调某时已改充幕僚，出见且导予至其室，谓予曰：制军盼公殷。公此来，当先决学堂事。此堂学生皆败类，不可造就，当以快刀斩乱麻手段，亟停此校，而制军意不决。君初至，不知情形，故以奉告。予询以君往任监督几年？曰：三年。予私念校风之坏，果孰致之？竟侃侃而谈，毫无愧心！甚以为异。复询之曰：学生不可造就，招某来，即为停校乎？某曰：否，否，制军且以全省农政奉托。予曰：既有总办，又有总理，不嫌骈枝耶？某曰：然制军以总办不晓事，专任君。不去之者，以君为诸生，公事文移不便，故除行公文用其名，他不令干涉一事。且制军意欲为君报捐候选知府，留鄂差遣。俟有此头衔，则总办可去也。予益诧为异闻，乃托彼代予坚辞，某则坚劝留。予知不得去，乃告以予曾捐候选光禄寺署正职，可谢制军不必再捐知府。盖是年先府君办捐输，令予报捐此职也。某曰：如此更善，当反报。乃次日公文至，仍是总理，殆以予之职微也。然代捐知府事则幸免矣。

明日予至校受事，收支委员李某持簿籍至，则教习农、蚕科各二人：农科为农学士美代（清彦）、吉田某（今忘其名），蚕科为峰村（喜藏），他一人今忘其名。翻译四人某某，学生两科总七十余人。颇讶学生之少、翻译之多。乃先接见教习，教习谓夙敬仰先生，今莅此，某等之幸。以前总办提调苦不得见，有事由收支转达，颇不便。以后许直接迳达乎？予诺之。又见译员，四人中三少年，为使馆学生，能东语，不通中文，举止浮滑。又一人年差长，中文略通，性尤阴鸷。又接见收支员李寿卿，则中州人，出言鄙甚。又一人为文襄之同乡侯某，则挂名支俸而已。已而总办至，导诸生旅见。总办年六十许，议论极奇诡、出人意外，宜文襄斥为不晓事也。予乃逐日接见诸教职员，并上堂督课，且分班接见诸生，戒以闻本堂学风素劣，致有请制军停校者，制军矜惜尔曹光阴及国家经费，故命予来此整顿。今与尔曹约：自今更始，当敦行力学，一洗前耻。有偶犯过者，初次宥之，再次记过，三犯革除。众皆唯唯。自是遂密察校中情形，乃知译员半为革命党员，且观其所译讲义，文理均不可通。因询教员以学生既三年，何仍不能直接听讲？答以提调嫌第一年课表东语太多，谓既有译员，不必重东语，故某等碍难违命。但深愿嗣后再招新生，必期直接听讲。其言颇合理，且与久处，并无诛求供给事，知以前必收支员托名冒领，提调不知也。学生则以新监督每事躬亲，颇有戒心，逮半月后，有故态复萌致记过者。既一月，详察记过诸生中有五人举止诡异，与译员往还甚密，意其必三犯，已而果然，遂面谕斥退。于是校风日整。乃谒文襄陈二事：一请裁不职译员，暂觅替人，以后废除，令学生直接听讲；二请拨地为试验场，以备实验。并面陈自革退劣生，校中安静，但学风之坏由于译员，译员不去，根株尚存。文襄大悦，令觅替人，且面允拨抚标马场地为试验场。提调闻之，殊不怿。盖译员阴耸学生滋事，而又谄事提调，提调不悟其奸。即课表中减东语，亦译员为自保地，提调为所愚也。予既请易译员，提调遣人密告之以示好，于是译员全体辞职，予立许之，乃电忠悫及少泉代焉。于是教员称便，校风清谧。其后革命事起，则予所斥译员、诸生等半在其中，且有为之魁者。乃知予当日所料，固未爽也。

予自整顿农校后，提调颇怏怏，盖忿予不停校以实其言也。致予数上谒文襄请拨马场地，皆不得见，盖阴为之阻也。予又见凡在鄂任事之人，见文襄皆极其趋承，而阴肆讥诽，无所不至。意甚薄之，不欲与伍。乃于次年暑假返沪，遂再三辞职。时该校管理颇易，营谋者多。文襄遂派员接办，而委予襄办江楚编译局，实无一事，素餐而已。意颇不安，逾岁遂并谢之。当在鄂时无所事事，王、樊两君除讲译外，亦多暇日，乃移译东西教育规制学说，为《教育杂志》，以资考证，先后凡五年。予始知外国教育与中国不能一致：外国地小，故可行义务教育；中国则壤地占亚洲之半，人民四万万，势必不可行。故古者四民分职，各世其业，以君子治野人、以野人养君子。而所以化天下者，如春风之长养百物，上老老而民兴孝，上长长而民兴悌，上恤孤而民不悖。尧舜帅天下以仁而民从之，桀纣帅天下以暴而民从之，风行草偃，而天下已无不治矣。乃当世论教育者，必欲强行义务教育，于是各省苛捐日出，民不堪命。谋之不臧，卒陷国家于危地，哀哉！

予自丙申至辛丑凡六年，初仅岁寄银币二百奉堂上菽水。及庚辛二年，积薪资得二千余圆。既辞鄂归，所印农书亦未请文襄札发，而销行甚畅，所得利益除偿本金及维持农馆、东文学社外，尚赢数千圆。乃悉以偿债，不敢私一钱。于是夙逋一清，但质蒋君处之越河田尚未赎耳。先妣慰悦，移书奖励，以予久客独居不便，遣仆送眷至上海。是年冬，江、鄂两省奏派予至日本调查教育，使两湖书院监院刘君及毕业生四人为辅行。时眷属适至，翌日即行，至次年正月归，在海东凡两阅月。

予至海东，东京高等师范校长嘉讷（治五郎）为讲教育大意一星期，每日一小时，意甚挚然，所言皆所夙知者。逐日参观大小及各专门学校，甚匆遽然。有当记者三事：一、自各省争派生留学，至是而极盛。人类本纯驳不一，复经庚子之乱，东邦浪人又相煽诱，于是革命之说大昌，如蜩螗沸羹，一倡百和。各省监督畏其势盛，噤不敢声，或且附和之。日本外务大臣小村氏，一日密延予至其官邸，谓留学生现象如此，恐酿成两国之不祥。顾诸生来者，补习东语后皆入高等及专门学校，而日本高等学校素无取缔之例；但不加取缔，前途甚可忧。若贵国江、鄂当道不以为非，当由文部订取缔专条，以免将来发生不幸。予时方以是为忧，而该大臣乃自言之，予出诸望外，允归为江、鄂两督言，且谢其厚意。此一事也。二、日本贵族院议员伊泽君（修二）闻予至，来拜，为言变法须相国情，不能概法外人，教育尤为国家命脉。往者日本维新之初，派员留学，及归国，咸谓不除旧不能布新，遂一循欧美之制，弃东方学说于不顾，即现所行教育制度是也。其实东西国情不同，宜以东方道德为基础，而以西方物质文明补其不足，庶不至遗害。我国则不然，今已成难挽之势。贵国宜早加意于此。新知固当启迪，国粹务宜保存，此关于国家前途利害至大，幸宜留意。予深服其言，亦允归为言之当道，并谢其拳拳之意。此二事也。三、同文会副长长冈子爵本为予旧交，一日延予至华族会馆相见。至，则子爵外仅一译人。既入席，谓有秘事相质，故不延他人。乃郑重言曰：自甲午两国失和，为东方之大不幸。战后日本国际地位骤高，久启欧人之忌，异日必将有俄日之争。以日本壤地褊小，可胜不可败。败则灭亡，胜亦大伤元气。万一竟至启衅，贵国东三省当两国之冲，若中国国势强盛，则有此缓冲地，日本受庇不小。惟贵国国势恐不能固此缓冲。两国开战，日本为争存计，必首先侵犯贵国中立。甲午之役睦谊已损，何可一而再乎？故非避免战事不可。今有一策于此，特请君商之，幸许一言否？予请示其策，乃续言曰：我国为此与元老枢府协商久矣。窃谓变法危事，今中国日言变法，其得失非可一言尽。以其至浅者言之，恐群情不便，国势转为之不安。何不由贵国皇帝遴选近支王公之贤者，分封奉天，合满蒙为一帝国？开发地利，雇用各国客卿，以此为新法试验之地。变法而善，中国徐行未晚；若不善，则可资经验，不至害及国本。我国今将与英订同盟之约，若新国既建，可由两国提出国际会议，将此新国暂定为局外中立。惟不可以为藩属，将致种种不便。如是，则贵国可免变法之危，日本亦可免日俄之战，实两国交利之事。此策虽建自本会，实已得天皇同意。若公谓然，请密告江、鄂两督，与政府筹之。但不知君认此为出于诚意否耳？予乃极称其策之善、意之诚，谓当力言于两督。且询以若两督谓然，必与公商进行之策，公能至江、鄂否？长冈曰：可。予乃珍重与订后约。此三事也。有此三事，予私喜以为不虚此行。壬寅仲春至鄂，密陈于文襄。文襄称善，并令予先将第三事密询刘忠诚，若同意，当商之枢府。及予至江宁谒忠诚，乃亦谓然。未几江、鄂乃密电日外务部，请订取缔学生规则。及文部颁行，学生大哗，纷纷抗命，致失效果。至保存国粹之说，予著论揭之《教育杂志》，畅言其理，于是"国粹保存"四字，一时腾于众口，乃卒不收其效。文襄定学堂章程，仅于课表中增"读经"一门，未尝以是为政本。后学部开教育会，野心家且将并此而去之，致芒芒禹甸，遂为蹄迹之世矣。

三事中，末一事所关尤巨。两督会商后，曾命予密招长冈副长。长冈以病不能行，近卫公代之。予伴至江、鄂而不得与会，久之寂然，不得其故。及日俄战后，端忠敏抚吴，偶言及之，忠敏曰：近卫到鄂，某亦与议，相商极洽。乃以此密询荣文忠，文忠不可，遂已。盖其时忠敏方抚鄂，故知之也。呜呼！文忠误国之罪，宁止庚子之变？模棱持两端已哉！

予壬寅自鄂渚归适上海，南洋公学增设东文科，毗陵盛公（宣怀）延予任监督，沈子培尚书（曾植）为之怂恿，乃就聘。时校地不能容，设分校于虹口，为延藤田剑峰为总教习。诸生勤学者多，成绩颇可观。乃阅二年而遽罢。是年冬，积俸入得二千元以赎越河质产，于是宿负始清。当庚子十月，先妣六十初度，时至鄂初受事，不获返淮称祝，乃遣奴子赍银币二百归。先妣谕以两宫蒙尘，且宿逋未了，非称寿之时。来款给饔飧足，慰儿孝思，异日逋负毕偿，当为儿尽一觞耳。至是遂拟归省，先妣复谕以冬寒不必远涉，俟春和归可也。乃癸卯正月二十四日以事至吴下，越日得急电，言先妣病。阅之神魂飞越，乃星夜遄归，五日始抵家，则吾母已于发电之日弃不孝而长逝矣。予肝肠寸裂，抚柩痛哭。府君持予手慰勉，予不能措一辞以对。回忆离膝下七年，往者岁必数归省，虽不过留数日，尚得亲承色笑。独去冬以慈谕故未归，岂知遂不及永诀，竟抱恨终天耶！今以垂暮丛咎之身，家国俱亡，海滨视息，未知何日方得侍吾母于地下！去年冬，为吾母九十冥寿。家祭毕，回思劬劳未报，万感交集，怆然涕下。今追记及此，又不觉老泪之渍纸也。丧逾百日，先府君恐予过哀致疾，谓宜速返沪理校务。不敢违严命，乃至柩前痛哭而别。返沪后，精魄若丧，心如死灰，觉人间事无一可留恋者。方戊戌朝旨举经济特科，湖南巡抚陈公（宝箴）以予名应，自惭名实难副，本不敢应征，乃旋以政变中止。及壬寅，特科复开，张文襄公及邮传部尚书张文达公、法部侍郎沈公（家本）、漕运总督陈公（夔龙）复加荐剡。是年考试，予以居丧故，得谢征车。是年孟冬，粤督岑公延予至粤参议学务，欲谢不往。家人恐予郁郁致疾，劝行。予以岭南景物为平生所未见，乃姑往应之。到粤，往粤秀书院，无所事事，惟将南洋公学东文科高材生数人补官费留学海外而已。粤东书价廉，乃日至双门底府学东街阅览书肆。适孔氏岳雪楼藏书，后人不能守，方出售，乃尽薪水所入购之。予之藏书自此始。岁暮返沪，明春再往，终以素餐为愧。至暮春，遂托故辞归。孟夏，购爱文义路地九分，筑楼三楹，请先府君到沪就养，府君许之。既至，以眷口众，新筑狭，乃别赁宅西门外。是年六月，鄂抚端忠敏公移署苏抚，过沪来访，面请参议学务。谢之，不可。七月，往受事，谋创江苏师范学堂。卜地于抚标中军操场，先缮紫阳校士馆为校地，即旧紫阳书院也。以十一月开校，时公已移署两江总督。初，拟定学生分初级、高等两班，生徒共三百二十人。因校地狭，乃先招讲习科生四十人，速成科生百二十人。予荐藤田学士任总教习，延山阳徐宾华、广文（嘉）为监院。次年，添设体操专修科。五月，讲习科及体操专修科毕业。七月，招初等本科生八十人。八月朔，入堂受学。是月，设附属小学校。十月，开校招初、高两级学生六十余人。

予任苏校一如在鄂时，日至讲堂督课，至斋室视察诸生行检。课暇分班接见诸生，戒以敦品立行，俾不愧"师范"二字。时无父无君之说虽非猖獗若今日，然已萌芽，故于校中恭设"万岁"牌，朔望率诸生于"万岁"牌及至圣先师前行三跪九叩礼。各校无设"万岁"牌者，仅予校有之。校中揭示皆手书，不假手吏胥。除休沐日，跬步不离校。学生初以为苦，寻亦安之。平湖朱廉访（之榛）鲠直明察，以讲习科毕业，莅校昌言于众曰：今日学校糜国帑、坏学术、误子弟。如罗君之于此校，如严父之训子弟，如李临淮之治军，校风清肃，令我诚服。予深愧其言。实则予之治校，不过不敢素餐旷职而已。

紫阳书院旧祀徽国文公（朱熹）。予尝拟将过去院长学行足为师表若钱竹汀先生（钱大昕）等，附祀其中，以资学生观感景慕，乃事冗不果。校中本有"春风亭"，故址不可寻。乃于荷池旁构一小榭，揭三字榜以存其名。捐经史书置其中。于门庭植卉木，宿舍前杂植桃柳，池中补莲，并于抚标操场拟卜筑地加围墙，以定界址。今时移世异，不知如何，念之怃然。

苏州自洪杨乱后，城内尚有废基隙地，朱廉访招人购领建屋。予于操场旁从官购地二亩许，以沪寓狭，命工建楼五楹，旁造平屋十余间，足容全眷。拟迎先府君至苏，俾得晨夕侍奉。乃夏初，先府君即患小溲不畅，延东医诊之，谓肾病延及心脏，非数月不能致效。乃府君数日后即却药不御，屡请不许。及十月，先府君书至，言胫肿，恐病势增重，儿可归，一谈家事。阅之惊惶失措，亟请假归视。府君尚坐起至案前，谕予曰：往以家事累汝，且二十余年。今庶孽众，不忍再累汝，欲与汝谋所以处之。予知府君意，急应曰：大人安心养疾，儿必体大人意，必厚视诸庶母、庶弟。府君曰：汝孝子也，我知之。然累汝矣。遂不言。予闻谕，泣不可抑。亟延医诊视，医者谓病已亟，姑投泻剂消肿，乃肿消而食不进。至十三夜，遂易箦。予再遭大故，泣念自辛巳府君离淮安，违侍三十年，幸得迎养至沪，又以寓宅小，别赁宅以居，苏寓垂成，竟不及待。风木之悲，痛彻心骨。殓事毕，迎诸庶母、庶弟至予宅，乃扶枢返淮安，暂停南门外僧寺。予即借寺屋为垩室，及卜葬，返沪。拟俟百日后赴苏辞校务，而值江苏教育会逐客之事。方此校招生时，忠敏谓予曰：此校虽为苏属设，然苏、宁本一省，不当分畛域。有投考者，一律收录。于是扬、徐、淮、海有投考者，亦凭文录取，遵公旨也。苏绅滋不悦。又苏绅素多请托，招生时以竿牍至者，间不能副其请，意益不满。至是遂由教育会长张謇氏登报纸，谓予在苏筑室，私占校地。因予新筑去拟建新校地仅数十步也。张与予素谂，一旦以戈矛相向，不欲与校。乃移书朱廉访，谓宅地购自公家，非私占，公所知。校地已筑围墙，新筑地与校地无涉，亦人人知之，初不必与辩。予筑此室，本以奉亲，今堂上已弃养，亦不忍居此，即以此宅捐赠公家可也。廉访初闻苏绅事，已愤甚，及阅予书，益不平。因复书，谓有更以诬谤加公者，某当之。予再移书，请勿校。公知予决弃是宅，乃出官款还予购地及建筑费。予乃以百日满，至苏辞职，苏抚及公皆慰留。已而公知予必去，乃曰：公去，此校可停矣。予与公非素交，不知何以得此于公也。予将去，乃勉诸教习及职员仍旧供职候代。乃教员勉留，职员均愤而求去，坚留不可。乃请苏抚派员即日来接校事。及代者至，款目即日交割，予乃行。当予在校时，戒诸职员，谓治公家事，一切款目必每日清揭，俾随时可交出。至是，乃不烦而办。

方教育会与予为难，吾友钱塘汪颂谷文学（诒年）颇不平。闻予不校，乃激予曰：人世无黑白久矣！公不辩，人且谓公果有占地事，请告予本末。予一一诵言之，颂谷乃用予名代予作答辩书，登之报纸，予讶其多事。乃报章出，竟噤无一言。盖意在逐客，予既去，愿已足，故不更烦笔墨也。书此以见当日尚有公论，若朱廉访及汪文学者，皆古之遗直也。

予叙校事讫，更叙家事。当先府君存日，有一至痛心之事。盖当析产时，先叔父携眷赴遂昌，所得淮安居宅之半无所用，乃作价归并先府君。后无以偿，先王妣乃割养膳田三之二，两分之，给先府君与先叔父，以府君所应得者偿先叔父。府君伤因贫致割及膳田，抱痛至深。及先妣弃养，予乃请于府君，宿债甫清，不可因丧举债，丧费由予任之。以后田租所入，积以赎膳田。及府君弃养日，膳田已将赎回。府君之丧，亦由予任丧费。诸庶母、庶弟居上海半岁，请返淮安，乃措资送归。时旧居赁于人，以别宅居之，以田租所入充岁用，予仍不取家中一钱。私恸往者先妣见背，尚有老父，今无怙、无恃，天地间一鲜民耳。虽仅行年四十，然十年来于世态思之烂熟，从前夙抱用世之志，今见民德、友谊如此，官场积习如彼，为之灰冷。幸子职已尽，意欲遂被发入山。然我瞻四方，蹙蹙靡骋。方徘徊无计，忽得端忠敏电，谓学部初创，相国荣公（荣庆），已奏调君，请即入都。予时既决计不复入世，乃以居丧固辞。公援满人百日当差为言，予复以汉臣无此例，不可自某始。公迫以即不就职，亦当入见荣公。不得已，乃入都上谒。相国慰勉曰：君不欲援满人当差例，请不照满人吉服到署，即以素服出入。君所不欲，皆不相强，但必助予。予见公意至诚切，乃诺以暂留数月。宁知由此竟不获遂初志耶？

予至都，本拟即南归，然既许荣公暂留，家属在南中，殊不便。又以北方风土气候皆佳，人情亦较厚于南方，即不官，亦可居。乃售沪宅得万元，为移眷及在京用费，再徐图治生之术。乃先一年，同乡某君在沪以二千金创印刷局，强予入资之半，勉应之。至是闻予售宅，乃言印局亏耗，令出三千元闭局。予思鬻宅得赢出诸意外，遂不与校，如数与之。平日向守古人"犯而不校"之训，然于此可知南方人情之儇薄矣。明年因农、教两馆不能遥领，乃均停止。

学部初立，尚无衙署，先赁民屋为办事处，奏调人员到部尚寡。相国令予入居之时，部章未定，司局未分，每日下午令部员上堂议事。予莅部日，初次上堂，相国出公文三通令阅。其一为请废国子监，以南学为京师第一师范学校。予议曰：历代皆有国学，今各学未立，先废太学，于理似未可。时两侍郎，一为固始张公（仁黼），一为天津严公（修）。严答称现在以养成师范为急。南学向莅国子监；新教育行，国子监无用，不如早废止。予曰：师范虽急，京师之大，似不至无他处可为校地，何必南学？即用南学，似亦不必遽废国子监。且是否当废，他日似尚须讨论。张公闻之哑然，曰：相国以君为明新教育，特奏调来部。乃初到，即说此旧话。某已顽固不合时宜，意在部不能淹三数月，君乃不欲三日留耶？予闻之，讶严之思想新异，张之牢骚玩世，均出诸意外。而于予之初到部，即纵论不知忌避，则自忘其愚语已。相国徐曰：此事容再商，且议他事可也。至明日，予至太学观石鼓，见监中有列圣临雍讲座。私意部臣欲废太学，此坐将安处之？午后返署，以是为询张公，闻之遽曰：是竟未虑及！本部新立，若言官知之，以此见劾，岂非授人话柄乎？此奏万不可缮发！相国亦悚然，因撤销此奏。予始知此事严意在废除，相国及张则视为无足轻重，虽非同意，尚可曲从也。及议学部官制，设国子丞及各郡县学留教官一人奉祀孔庙，亦予所提议，其幸得议行者。实自保存国学始。自此，部中皆目予为顽固愚戆矣。

及议学部官制，相国命黄陂陈君（毅）起草。陈君，文襄所荐也。既援新设诸部例，于尚侍以下设丞、参各二人；又援日本官制，设参事官四人，列各司之前。予议既设丞、参，则参事为蛇足。部员有驳予说者，乃卒如陈所拟。厥后此厅立，乃废上堂会议之例，每星期于参事厅开例会一次，有要事则开临时会议，尚侍丞、参及各司官咸与议。堂官奏派予在厅行走，月致饩七十元，坚却之。服阕后始受饩。

部章改以前，学政为实官，各省设提学使一人，位次在藩司之后、臬司之前。一日堂上集议，相国询众，以提学使应以何资格请简？严侍郎首建议，谓必须明教育者。盖意在曾任学校职员，及曾任教习者。故已调天津小学校长及小学教员数人到部行走。予议提学使与藩、臬同等，名位甚尊，似宜选资望相当者。相国然之，因询何资望乃可？众未有以对。予曰：无已，亦但有仍如从前学政，于翰院选之耳。严意不谓然。予曰：堂官谓以明教育者为断，不知以何者为准？殆不外学校职员及教员已耳。今各省但立师范及中小学校，其管理员及教员不外地方举贡生员。此等人，亦未必即副深明教育之望。一旦拔之不次，骤至监司，恐官方且不知能必其果举职否？相国曰：然。亦但有于翰院取之。若谓翰林不明教育，俟奉简命后，派往外国视察数月可耳。相国复令各举堪任之人，众又默然，莫肯先发。严侍郎曰：诸君且下堂，以无记名投票法选举之可也。相国曰：不如即席面举所知。时同在座者，有汪君穰卿、张君菊生（张元济），予语两君，谓盍三人同举？予意举沈太守曾植、黄学士绍箕（黄绍箕）、叶编修尔恺。两君皆首肯，愿同举。菊生别增一人，曰汪太史诒书。既下堂，即有部员数人同上说帖，力诋沈为腐败顽固，万不可用。其人盖皆曾任小学教员者也。顾所言无效，然予至是知当世之习为阿唯，非无故矣。外省派遣留学生，多习速成法政、速成师范。予意学无速成之理，尝于参事厅提议，谓无益有损，请由本部奏请停止。相国及坐中多然予说，严侍郎谓派遣短期留学，实因需才孔亟，亦具苦心。且谓为无益或可，若云有害，非某所知也。予谓需才孔亟，亦如七年之病求三年之艾，在早蓄之而已。若惮三年之岁月，而以数月之艾代之，其不能得效，三尺童子知之矣。且学术非可浅尝辄止，速成求学所得者，一知半解而已。天下事误于一知半解者实多。若全无所知，必虚心求慊；略知一二者，则往往一得自矜，最足害事，故某意非截止不可。严默然，既而曰：所言亦持之有故。但今日士子望速成者，多因卒业便可图啖饭处。一旦罢之，不虑其起哄乎？予曰：此予之所以谓非裁制不可也。国家养士，非但为其啖饭地，至虑学生起哄，则可不虑。已派者，任其卒业；未派者，从此截止。何不可者？相国韪之，谓不必入奏，但通电各省及海外留学生监督可矣。遂令予起草。由此，派遣速成之事遂止。

是年，本部奏派视学官，命予视察直隶、山西学务。戊申春，命视察山东、河南、江西、安徽学务。是年，本部考试留学生，奏派予充同考官，阅农科试卷及各科国文卷。明午，复派充同考官。戊申己酉，钦派充留学生殿试襄校官。

予视学山东时，东抚为泗州杨文敬公（士骧），总角旧交也。公与予同寄居淮安，且同里闬。其先德仲禾先生（鸿弼），与先府君又通谱昆季也。公既贵，遂不通往还。至是相见甚欢，延予至其署，观济源。酒阑，予语公：东省有大政二，一黄河，一外交，皆难措手，公何以处之？公曰：黄河溃决，由天者半，由人者亦半。予严责当事，厚赏罚，幸得无事。至对德外交，现与德新岛督相处甚洽。其棘手者，惟学务耳。此邦学风嚣竞，非得有干力提学使不可。私与公商，若惠然肯来，当密商荣相。得公任此，吾无忧矣。予谢不可，公曰：公必不可，不敢强。然当为吾谋适任者。予前视学保定，见罗顺循太守（正钧）其人似有气干，允向荣相言之。其后由部奏简顺循提学山东，然亦无显绩，盖其人亦老于仕途者也。公又语予：有一事颇关重要，且质之公。德国租借青岛，初实欲用为东方军港。既至，乃知不可用。其政府深愿示好我国，交还为自辟商埠，但请以后东省路矿各政聘彼国技师，此外别无要求。至其政府经营青岛费用，愿以最长期由我国政府逐年偿还，不取息金。意欲请公密陈荣相，若以为可者，某当任折冲事。予极赞之，乃归为荣相言。相国谓兹事体大，俟南皮入都后议之。及文襄至，亦然之。顾以西藏兵事，遂不暇及此。未几，文敬亦擢北洋大臣去。此议若行，则欧战时可免日德之争。然天数如此，殆非人力所能挽耶！

　　予在济南，欲观东昌杨氏海源阁藏书，请文敬为之介。文敬曰：东昌不通铁道，往返辛苦。且阁主人老瞍，平生爱书甚，不仅宝旧藏，自购善本亦不少。顾老而无子，近支无可继者，彼深忧身后散佚，尝为予言之。且此老自由外部归，欲得一京卿头衔以自娱，请予伺机奏保，至今无以报。其身前誓守藏书，必不可夺，且不肯示人。若于彼存日奏请立案，将其藏书报效国家，先呈目录，俟身后由东抚案籍点收解京，而赏以卿衔，彼必感激，乐从此事。盍与荣相商之？予敬候部示。予归即陈之相国，相国首肯，然卒以不关重要置之。今杨氏藏书历遭兵事，多散佚。则当日所请不行，为可惜也。

因杨氏藏书，忆及一事。欧人何乐模者，古董商也。至西安欲窃取唐景教流行中国碑，复刻一本，将以易原碑。定海方药雨太守（若）之宗人为何乐模舌人，以告药雨，药雨以告予。予乃白部，发电致陕抚及提学司，将此碑由金胜寺移置学宫碑林中，何乐模乃不得窜取，运复刻以去。当予以此陈，当事颇以为多事，强而后可。然我国之古物流出者多矣，此特千百之一。国家不加意保护，亦无从禁其输出也。

光绪季叶，各新部皆有顾问，学部亦仿行，将奏派头、二等谘议官。予以为虚名无用，堂官谓他部皆有，学部不可独异。卒奏派十余人，予亦列二等。然奏派后无建言者，惟头等谘议官，江苏教育会长某有书到部，请奏定学校职员、教员升转。其大意，谓欲求教育之兴，必得深明教育之人；求深明教育之人，当求之各学堂职员、教员中。学部宜定升转之法：各省小学堂长治事有成效者，升中学监督，如是递升高等至大学；小学教员教学有成效，升教中学，如是递升高等至大学，并相其才力，内用为堂司、外任提学使，以示鼓励。如是，则人才得而教育理矣。相国持至参事厅相传观，虽金以小学教员得升大学教授为奇特，未能据以入奏，然卒作复书，以示褒纳。当时又有某直刺者，以卓异内用调部，上说帖请废举人、进士名目，凡在学堂卒业者，一律授博士：小学卒业者授小学博士，中学以至大学均如是。称闻者莫不哑然。此均学部当日笑端也。

是时海外留学生返国，由部试及第者，皆奖以翰林、进士、举人。以前欧美留学返国者，多为不平。适四川拟修铁道，乔茂萱左丞聘詹君天佑为总工程师，詹微露此意。乔君遂以此提议于参事厅，堂司金谓当援例奏请补奖。予议此事某亦赞同，但年来新学未兴，旧学已替，频年留学生国文试卷皆予校阅，几无一卷通顺，满纸"膨胀"、"运动"等新名词，阅之令人作呕。亦当优奖海内宿学、经术文章夙著声誉者数人，以示学子俾知国学重要，并非偏重西学。相国首肯，令予略举其人。乃举瑞安孙君仲容（诒让）、湘潭王君壬秋（闿运）及已故绍兴府教授乌程汪刚木先生（曰桢），谓汪今虽已故，亦宜追奖。其后乃奖王君壬秋、元和曹君叔彦（元弼）诸人翰林，而汪、孙不与焉。

文襄入枢府，兼管学部。到部日循例旅见，文襄止予曰：今日各司旅见，不能接谈，明日下午幸过我。乃如约往谒。文襄曰：君此次到部，甚善。幸勿再言去矣。予答以愚戆不通世故，且已陈荣相，不久乞归，并求中堂谅许。文襄色微不怿，已而莞尔曰：我必不任君去。因询以在两湖时奏设存古学堂，君意云何？予曰：中堂维持国学之苦心，至为敬佩。惟国学浩博，毕生不能尽，今年限至短，复加科学，成效恐不易期。公首肯曰：此论极是。但不加科学，恐遭部驳。至年限太短，成效必微，但究胜于并此无之耳。予曰：职往于集议此案时，曾有说帖，乃推广中堂之意，略谓各省宜设国学馆一所，内分三部：一图书馆，二博物馆，三研究所。因修学一事，宜多读书；而考古，则宜多见古器物。今关、洛古物日出，咸入市舶，亟宜购求，以供考究。至研究所，选国学有根柢者，无论已仕、未仕及举贡生监，任其入所。研究不限以经、史、文学、考古门目，不拘年限，选海内耆宿为之长，以指导之，略如以前书院。诸生有著作，由馆长移送当省提学司，申督抚送部。果系学术精深，征部面试。其宿学久知名者，即不必招试，由部奏奖。如是，则成效似较可期。公闻之欣然，曰：君此法良佳，当谋奏行。予又乘间，言以前奏定各学堂章程，乃以日本为蓝本，与我间有不合，尚有应增损者。我朝自世祖颁六谕以训天下，厥后圣祖广之为十六条，世宗又推衍为广训。从前学政案试各郡，必下学讲演；童生考试，必令默写。此诚教化之本，中小学校亦宜宣讲。日本有教育敕语，其例可援。至大学章程，经科课目宜增历法，文科宜增满、蒙、回、藏文，此皆我藩属，且为考古所必须。原课表皆无之，反有埃及古文。其实埃及文字虽亦象形，与我文字故非出一源也。公闻之首肯者，再令予将以前定章加以补正，当具奏更改。予乃一一加签呈堂。堂官以为非急务，竟搁置之。后文襄引疾，此议遂罢矣。

予到部本欲留数月即去，乃荣相维絷甚殷，及文襄管部，为言荣相倚畀君，甚幸辅助之，益不许退。至戊申服阕适遣嫁程氏女，旧例部员无故不得请假，予欲借此乞退，据情上陈，乃许私假二十日，不许去。及至沪，值两宫先后上殡，乃遄返京师，寻文襄奏请试署参事官。己酉春奏补，遂不敢言去。至是，实为予致身之始矣。

学部定章：参事官，内以丞参、外以提学司升转，先由本部奏请记名。予自补官后，自维以韦布骤致郎曹，忝窃非分，深惧无以报称。乃一日左丞乔君来，言现奏保丞、参及提学司，荣相欲留君在部相助，然提学司难得人，又欲保君提学，意不能决。属质之君，愿外任乎，抑在内乎？予为之愕然，曰：此岂堂官可谋之属员者？予补参事，已惧难报称。请为谢相国，以后保奏丞、参及提学，幸勿及某。后半岁，又言之，予益惊愕，谢之如初。荣相初颇疑予为矫强，至是信为出于中诚，乃谓予曰：予知君性恬退，不愿他任，但我意国子丞不异宋人奉祠，惟非品学足为国人矜式者，不克任之。梧生不耐冷官，不久必迁擢，宜莫如君，此可不必再辞矣。梧生者，临清徐君（坊），时方任国子监丞者。予复逊谢。已而荣相以病去，徐君亦未他擢，文襄奏补予农科大学监督。

文襄管部后，议奏设大学。侍郎严公谓学子无入大学程度，且无经费，持不可。文襄曰：无经费，我筹之。由高等卒业者升大学，无虞程度不足。侍郎争之力。文襄怫然曰：今日我为政，他日我蒙赏陀罗尼经被时，君主之可也！乃奏设经、法、文、格致、农、工、商七科，奏任德化刘公（廷琛）为总监督；经、文、格致、农监督，任胶州柯学士（劭忞）、昭文孙吏部（雄）、元和汪侍读（凤藻）及予，皆奏补；法、工、商监督，任侯官林参事（棨）、诸暨何员外（燏时）、江夏权主事（量），皆奏署。

先是于参事厅议大学官制，予议不必定为实官，当时颇有赞同者。文襄以他故，决定为实官，遂定总监督正三品，分科监督正四品，及奏请分别补署。是时予应开参事官本缺循例上谒，时灌阳唐公（景崇）代荣相国任部长，唐公曰：君在部久，一旦改官大学，义不可留。然大学故隶本部，且君为谘议官，得与议部事，以后幸相助。乃次日，复招至堂上，谓予曰：顷丞、参堂因将请补参事缺额，检阅前奏，乃知缮折时漏去"分科监督为正四品"一语。同人本惜君去，今因误君可以原官兼任，仍得在部相助，深以为幸。但幸勿以此语管部，恐管部必欲补奏更正，转多事也。予为避求升级之嫌，唯唯而退。以前荣相奏任徐君为国子监丞，因底衔错误乃自请议处。唐公长部颇异于荣相国，此其一端也。

予既长农校，时大学行政皆由总监督主之，各分科监督画诺而已，无从致力。惟是时七科皆在马神庙，本某驸马旧府，地狭不敷用。予请于管部，奏拨西直门外钓鱼台地建新校，设试验场。溽暑严寒，往返监视，至辛亥秋乃落成，而武昌之变作矣。

当戊申冬，今上嗣位，醇邸摄政，令内阁于大库检国初时摄政典礼旧档。阁臣检之不得，因奏库中无用旧档太多，请焚毁，得旨允行。翰苑诸臣因至大库，求本人试策及本朝名人试策，偶于残书中得宋人玉牒写本残页。宁海章检讨（梫）影照，分馈同好，并呈文襄及荣公。一日，荣相延文襄午饮，命予作陪。文襄询予，何以大库有宋玉牒？予对以此即《宋史·艺文志》之《仙源集庆录》《宗藩庆系录》。南宋亡，元代试行海运，先运临安国子监藏书，故此书得至燕。且据前人考，明代文渊阁并无其地，所谓文渊阁，即今内阁大库。现既于大库得此二书，则此外藏书必多，盍以是询之阁僚乎？文襄闻予言，欣然归以询，果如予言。但阁僚谓皆残破无用者。予亟以文渊阁书目进，且告文襄，谓虽残破，亦应整理保存。大库既不能容，何不奏请归部，将来贮之图书馆乎？文襄俞焉，乃具奏归部。奏中，且言片纸只字不得遗弃。因委吴县曹舍人（元忠）、宝应刘舍人（启瑞）司整理，面令予时至内阁相助。一日，予往见曹舍人，方整理各书，别有人引导至西头屋，曰：此选存者，指东头屋曰：此无用者，当废弃。予私意原奏言"片纸只字，不得遗弃"，何以有废弃者如此之多？知不可究诘。又观架上有地图数十大轴，询以此亦废弃者乎？对以旧图无用，亦应焚毁。随手取一幅观之，乃国初时所绘。乃亟返部，以电话告文襄，文襄立派员往运至部。于是所指为无用者，幸得保存。然已私运外出者，实不知凡几。今库书自南北人家流出者甚多，皆当日称无用废弃者也。方予至内阁视察库书时，见庭中堆积红本题本，高若邱阜，皆依年月顺序结束整齐。随手取二束观之，一为阳湖管公干贞任漕督时奏，一为阿文成公用兵时奏。询何以积庭中，始知即奏请焚毁物也。私意此皆重要史稿，不应毁弃，归部为侍郎宝公（熙）言之，请公白文襄。宝公谓既已奏准焚毁，有难色。强之，允以予言上陈。及告文襄，文襄趑予请，然亦以经奏准为虑，低回久之，曰：可告罗参事，速设法移入部中，但不得漏于外间。宝公以告予，予乃与会稽司长任邱宗君梓山（树枏）商之。宗君明敏敢任，且移部须费用，故与商。梓山曰：部中惜费甚，若堂官不出资，将如何？予曰：若尔，予任之。宗君乃往观。越日，报予曰：庭中所积仅三之一，尚有在他处者。相其面积，非木箱五六千不能容。无论移运及保存，所费实多，公何能任此者？部中更无论矣。盍再请于文襄？予以此事文襄已有难色，若更请，设竟谓无法保存，仍旧焚烧，则害事矣。因告宗君，但先设法移部，移部后再思贮藏法。宗君思之良久，曰：然则先以米袋盛之，便可搬运。米袋有小破裂、不能盛米者，袋不过百钱，视木箱价什一耳，部中尚可任之。然非陈明堂官不可。公能白之唐公乎？予称善，乃上堂言之。唐公颙戚尚未作答，予遽曰：此所费不逾千元，设部中无此款者，某任之。唐公微笑，命由部照发，乃装为八千袋。及陆续移部，适堂后有空屋五楹，因置其中。明日，唐尚书招予上堂曰：君保存史料，我未始不赞同。奈堂后置米袋累累，万一他部人来，不几疑学部开大米庄乎？幸君移他处。予曰：是不难。以纸糊玻璃，则外间不见米袋矣。唐公乃默然，已而仍令丞、参与予商移出。复筹之宗君，宗君言南学多空屋，贮彼何如？予曰：善。适监丞徐君（徐坊）在丞参堂，予与商，徐君拒之，曰：现宣圣改大祀，南学设工程处，无地容此也。予意颇愠，语之曰：君殆谓南学君所掌，予不当为是请耶？然太学微予，改废久矣！今以官物贮官地，望君终不见拒也。徐亦怫然。左丞乔君曰：君毋愠，此非妄也。为语当日议废监事，徐乃谢予。于是移贮敬一亭。予平生以直道事人，荣相幸能容之。复以是事唐公，遂益彰予之戆矣。然大库史料竟得保存。后十余年又几有造纸之厄，予复购存之。虽力不能守，然今尚无恙，但不知方来何如耳？至宗君实有劳于史料，世罕有知者，故特著之。

光绪季年，欧人访古于我西陲者，为英、德、法三国。宣统纪元，法国大学教授伯希和博士，赁宅于京师苏州胡同。将启行返国，所得敦煌鸣沙石室古卷轴已先运归，尚有在行箧者。博士托其友为介，欲见予，乃以中秋晨驱车往。博士出示所得唐人写本及石刻，诧为奇宝，乃与商影照十余种，约同志数人觞之。博士为言石室尚有卷轴约八千轴，但以佛经为多，异日恐他人尽取无遗，盍早日构致京师乎？予闻之欣然，以语乔茂萱左丞，请电护陕甘总督毛实君方伯（毛庆蕃），托其购致学部。予并拟电，言需款几何，先请垫给，由部偿还。乔君携电上堂白之，则电允照发，而将还款语删去。予意甘肃贫瘠，若令甘督任此，必致为难，乃复提议于大学，由大学出金。总监督刘公亦谓大学无此款。予曰：若大学无此款，由农科节省充之，即予俸亦可捐充。刘公始允。发电逾月，大学及学部同得复电，言已购得八千卷，价三千元。两电文同。部中初疑价必昂，闻仅三千元，乃留之学部，不归大学。及甘省派员解送京师，委员某为江西人，到京不先至部，而主其同乡某家。其同乡乃竭日夜之力，尽窜取其菁华，卷数不足，乃裂一轴为二、三以充之。解部后，予等转不得见。后日本京都大学诸教授来参观，予等因便始窥其大略而已。后廿余年，予寓津沽，人家所私窃之卷往往得之估人手，此又予所不及料者也。

予自三十出游，在野凡十年，渐谙世态，少年迈往之气，已为稍挫，然用世之心，尚未消泯。在野所建白，虽当道不以为非，然无一事见诸实行者。故入都时，自号"刖存"，意尚欲为铅刀之一割也。及在部派参事厅行走及谘议官，但有言责而无事权，予本不求进，故论事侃侃，无所避忌。乃改字曰"舌存"，以示尚有言责，且寓老氏尚柔之旨以自儆。乃在京既久，目击元凶在朝，太阿倒持，宫中、府中广布耳目，其他大臣则唯阿粉饰，若无知闻讹言、莫惩翻以为舆论，而曲徇之。其在下，则奔竞钻营，美其名曰"政治运动"，毫无顾忌。老成之士，独居深叹而已。及元凶斥退，斩草又不去根，逆知祸且不远，乃又改吾字曰"目存"。辛亥夏，部中奏设教育会，以江苏教育会长张君（謇）为会长，俾与议教育。阻之不可，予亦滥竽为会员。及开会，由会员谭太史（延闿）、陆太史（光熙）提议，以后教育当定为军国民主义，令各学堂练习军事，行实弹打靶，欲隐寓革命势力于学生中。两太史平日为党中之铮铮者，主张革命最力。其后陆在山西随父任，仓促死乱军手，谥"文节"。其结局与其怀抱正相反，亦异事也。此议提出，附和者众。予首抗议，以为不可。予友王君（季烈）、蒋君（黼）、恩君（华）等均赞予说，汪君（康年）时久病，亦扶病出席抗议，孙君（雄）亦反抗之，黄君（忠浩）则驳以事实不能行。乃不得议行。一日，又提议学科中废除读经，则太仓唐君（文治）倡议，托副会长张君（元济）携至会中付议者。予时病足，不能赴会，乃写予意见，托蒋君伯斧代予抗议。王、汪诸君均力争，亦不获议行。彼党乃憾予甚。予自是益萌去志，顾不能办归装。及秋而武昌之事起，不假教育会之力，革命已告成功。予"目存"之号，乃不幸而中矣。

当予抗议于教育会后，侍郎于文和公（式枚）至予家，言君执义不回，至为敬佩。然彼党凶焰方张，其势力已成，抗之无益。彼党已憾君甚，请勿再撄其锋以蹈危险。方今同志甚少，幸留此身以有待。予感公厚意，答以今争之固无益，异日挽逆不更难乎？公慨然曰：某异日必不顾成败利钝，牺牲此身。某固非畏难以阻君者，幸君鉴之。至海桑后，公果奔走青岛、上海间，有所谋。不就，卒于昆山舟中。卒时无为之递遗折者。予戊午春以放赈至津沽，与吾友王君九学部议为之请谥。王君乃合旧日属吏具呈，由前侍郎宝公（熙）领衔，因得予谥"文和"。予录录无似，无以谢公，今日记此，以志知己之感。倦言往昔，为之涕零。

予丙午入都，吾友汪君穰卿先在春明已补应朝殿试，得内阁中书。既相见，谓予曰：予往者以道莽不治，欲别启山林、辟一新径，乃山林未启，虎兕已出噬人，先后数年，误国之罪，实无可逭。今力谋补救，恐已晚矣！予深赞其不护前往，尝论其人为笃实君子，而误其步趋者。至是知所见之非妄也。时君已抱病，以一手一足之力创《刍言报》，以抗革命，党人憾之甚。其参与学务，主张亦皆正大，在京落落罕与往还者。予书"独立不惧，遯世无闷"楹帖赠之。及武昌变起，君至津，招予往，言留屋三间相待。予是年夏即拟出京，而川资莫措。适东邦友人借所藏书画百轴往西京展览，彼邦有欲购者，予移书允之，欲以是办归装。乃至秋尚无消息，至是无所措手，乃谢之。不数日，君在津方晚餐，闻袁世凯复出之讯，于坐中遽委化。不数日，蒋君伯斧亦以病殁于京寓。两君俱无子，舍人有嗣子，不久亦逝。蒋君以犹子嗣，其遗书仅予为刻《沙州文录》一卷而已。至是予之旧游，乃日就凋谢矣！

武昌变起，都中人心惶惶，时亡友王忠悫公亦在部中，予与约各备米、盐，誓不去，万一不幸死耳。及袁世凯再起，人心颇安，然予知危益迫矣。一日，日本本愿寺教主大谷伯（光瑞），遣在京本愿寺僧某君来，言其法主劝予至海东，并以其住吉驿二乐庄假予栖眷属。予与大谷伯不相识，感其厚意，方犹豫未有以答，而旧友京都大学教授内藤（虎次郎）、狩野（直喜）、富冈（谦藏）诸君书来，请往西京。予藏书稍多，允为寄存大学图书馆，且言即为予备寓舍。予乃商之亡友藤田君，藤田君为定计，应诸教授之招，而由本愿寺为予担保，运书物至京都，运费到京都后还之。且愿先返国，为予筹备一切。事乃决，遂以十月初出都门，往天津待船。时大沽已将结冰，商舶惟末班"温州丸"，船小仅千吨。予与忠悫及刘氏婿三家，上下约廿人同往。船至，舱已满，乃栖家属于货舱中，船长以其室让予。途中风浪恶，七日乃达神户，藤田诸君已在彼相迓。即日至京都田中村寓舍，东京旧有田中君（庆太郎）亦至京都助予料理，狩野博士夫人在寓舍为备饔飧。诸君风谊不减古人，终吾生不能忘也。

方予携家浮海时，汉阳已克复，武昌尚未下，都中同志尚冀时局可以挽回。宝公（熙）谓予曰：君竟洁身去耶？盍稍留，俟必无可为然后行。予乃诺以送眷东渡后，即孑身返都。既至东三日，即附商舶至大连，遵陆返春，明知已绝无可为，践宿诺而已。比至，众亦谓大势已去。留旬日，乃复东渡。壬子岁朝，逊政之讯乃遽至海东矣。

予初至京都，寓田中村，与忠悫及刘氏婿同居。屋狭人众，乃别赁二宅，以居两家。时季弟子敬（振常）方任奉天某校教习，复寄资迎其眷属，别为赁屋居之。三宅月饩各百元。季弟读书知大义，居东岁余返国，于上海设一书肆，苟全性命于浊乱之世，皭然不污。昔徐俟斋、傅青主两先生清风亮节，为海内所推，独不能得之于其弟，予乃无此憾。此平生差可自慰者也。

予寓田中村一岁，书籍置大学，与忠悫往返整理甚劳。乃于净土寺町购地数百坪，建楼四楹，半以栖眷属，半以祀先人、接宾友。门侧为小榭四间，楼后庖湢奴子室数间，植松十余株，杂卉木数百本，取颜黄门《观我生寄赋》，颜曰"永慕园"。寻增书仓一所，因箧中藏北朝初年写本《大云无想经》，颜之曰"大云书库"。宅中有小池，落成日，都人适有书为赵尔巽聘予任清史馆纂修，既焚其书，因颜池曰"洗耳池"。日本国例，外邦人可杂居国内，但有建屋权，无购地权，乃假藤田君名购之。家人既移居，未几更语移存大学之书于库中，乃得以著书遣日。

予在海东时，以不谙东语，往还甚简。惟大学文科诸教授，半为旧契，以文字相往还。大学总长延予为文科讲师，请藤田君为之介，至为殷拳，坚辞乃允。是时王忠悫公尽屏平日所学，以治国学。所居去予不数武，晨夕过从。忠悫资禀敏异，所学恒兼人。自肄业东文学社后，予拔之畴人中，以后所至皆与偕。及予官学部时，言之荣文恪公奏调部行走，充编译官，每称之于当道，恒屈己下之，而闻誉仍未甚著。及至海东，学益进，识益完。十余年间，遂充然为海内大师矣。

予往岁家居修学，无师友之助，闻见甚隘。三十以外，闻见渐增，始稍稍购书器。而江海奔走，废学者且十年。及四十后入都，闻见日扩，致书器日多，每以退食之暇欲有所造述，牵于人事，无所成就。逮辛亥间，始创为《国学丛刊》，不数月以国变而止，至是赓续为之。时忠悫迫于生事，乃月馈二百元请主编校。又岁余，上海欧人聘忠悫至沪，乃辍刊。予遂以一人之力编次平生所欲刊布之古籍，并著录所见所得古器物、墨本，次第刊行。归国后，复赓续为之。先后得二百五十余种，九百余卷，撮其序跋为《雪堂校刊群书叙录》。

予平生所至辄穷，而文字之福则有，非乾嘉诸儒所及者。由庚子至辛亥十余年间，海内古书器日出。若洹滨之甲骨，西陲之简牍书卷，中州之明器，皆前人所未及见者。洹滨甲骨自庚子岁，始由山东估人携至都门，福山王文敏公（懿荣）首得之，未几殉国难。亡友刘铁云观察（刘鹗）得文敏所藏，复有增益。予在申江编为《铁云藏龟》，瑞安孙仲容征君据以作《契文举例》，于此学尚未能有所发明。且估人讳言出土之地，谓出卫辉。及予官京师，其时甲骨大出，都中人士无知其可贵者，予乃竭吾力以购之。意出土地必不在卫辉，再三访询，始知实在安阳之小屯。复遣人至小屯购之。宣统初元，予至海东调查农学，东友林博士（泰辅）方考甲骨，作一文揭之杂志，以所怀疑不能决者质之予。予归，草《殷商贞卜文字考》答之，于此学乃略得门径。及在海东，乃撰《殷虚书契考释》，日写定千余言，一月而竟，忠悫为手写付印。并将文字之不可识者为《待问编》，并手拓所藏甲骨文字编为《殷虚书契》，后又为《续编》，于是此学乃粲然可观。予平生著书百余种，总二百数十卷，要以此书最有裨于考古。厥后忠悫继之，为《殷先公先王考》，能补予所不及。于是斯学乃日昌明矣。

西陲古简，英人得之，请法儒沙畹教授为之考证。书成寄予，予乃分为三类，与忠悫分任考证，撰《流沙坠简》三卷，予撰小学术数方技书、简牍遗文各一卷，得知古方觚简之分别及书体之蕃变。忠悫撰《屯戍遗文》，于古烽候地理，考之极详。后忠悫在沪将所著订正不少，仅于《观堂集林》中记其大略，惜不及为之重刊也。

伯希和教授归国时，予据其所得敦煌书目择其尤者，请代为影照。劝沪上商务印书馆任影照费，并任印行，而予为之考证。乃约定，而久不践，予乃自任之。先将中土佚书编《鸣沙石室佚书》，嗣编印《古籍丛残》，复选印德人所得西陲古壁画，为《高昌壁画菁华》。嗣日本大谷伯得西陲古物，陈列于住吉二乐庄，予据其所得高昌墓砖，为《高昌麴氏系谱》。于是西陲古文物略得流传矣。

中州墟墓间所出明器，春明估人初无贩鬻者，土人亦以为不祥物而弃之，故世无知者。光绪丁未，清晖阁古董肆徒偶携土俑归，为玩具。予见而购焉，肆估乃知其可贸钱。予复录《唐会要》所载明器之目授之，令凡遇此类物，不可毁弃。翌年，各肆乃争往购，遂充斥都市。关中、齐、鲁诸地亦有至者。初所见多唐代物，寻见六朝、两汉者，欧美市舶多载以去。此为古明器发见之始。予在海东，就往昔所藏编为《古明器图录》，并尝会最古明器之见载籍者为之说，至今草稿丛脞，尚未暇写定也。

本朝经史考证之学冠于列代，大抵国初以来多治全经，博大而精密略逊。乾嘉以来，多分类考究，故较密于前人。予在海东与忠悫论，今日修学宜用分类法，故忠悫撰《释币》《胡服考》《简牍检署考》，皆用此法。予亦用之于考古学，撰《古明器图录》《古镜图录》《隋唐以来古官印集存》《封泥集存》《历代符牌录》《四朝钞币图录》《地券征存》《古器物范图录》《古印姓氏征》诸书。

予三十以前，无境外之交。旅沪时，始识东邦诸博士。宣统初，因法国伯希和教授得与沙畹博士书问相往还，又与英国斯坦因博士通书问。尝以我西陲古卷轴入欧洲者，所见仅百分之一二，欲至英、德、法各国阅览。沙畹博士闻之欣然，方联合英、德学者欲延予至欧洲，为审定东方古文物，予将约忠悫偕往。乃未几而巴尔干大战起，乃中止。今沙畹博士及忠悫墓已宿草，予今且戢影海滨，万念都灰，此愿恐不克偿矣。予于前辈学者犹及见者，为江宁汪梅村先生（士铎）、宝应成芙卿先生（孺）、乌程汪刚木先生（日桢）。并世学者若会稽李莼客侍御（慈铭）、宜都杨惺吾舍人（守敬）、胶州柯蓼园学士（劭忞）、嘉兴沈子培尚书（曾植），皆尝与从容谈艺。王忠悫则同处垂三十年。至孙仲容征君，则通书问，未及识面。于文和公（于式枚），则未尝论学。今多已委化，仅蓼园岿然，如鲁灵光，予则亦老且衰矣。

予自寓海东壬癸二岁，足迹未尝莅中土。甲寅春乃返国，拟至淮安展视先垄，以漕渠水涸，乃留沪上。与旧朋相见，话隔世事，如在梦寐。明年春再返国，乃得偿祭扫之愿。瞻先人旧庐，怆然涕下。寻至曲阜，谒至圣林庙；至安阳之小屯，访殷虚遗址。往返五十余日，复返海东。自是以往，岁辄一至沪，或二至、三至。由今思之，当日之仆仆道途居诸虚掷为可惜也。

予往岁在沪遭先妣之丧，此身块然如木石，厌厌无复生意。然念先府君在堂，子职未尽，不能不强自排遣。时南中故家，若两罍轩吴氏、鲽砚斋沈氏、窳斋吴氏、南汇沈氏、上海徐氏、嘉兴唐氏，所藏书画、碑版、古器，充斥沪上。时流于书画但重王恽、宋元明人真迹，及古器罕过问者，予乃稍稍收集。及备员京曹，当潘文勤、王文敏之后流风已沫古泉币、古彝鼎，亦购藏者少。退食之暇，每流览厂肆，间遇珍本书籍，于是吴中、上海售屋之价，太半用之于此。及居海东，无所得食，渐出以易米。予本不事生计，至遭遇国变，觉此身且赘，更何问资产？每有余力，即以印书。继念先王妣、先妣两世劬劳，意欲斥其所藏得金，将淮安田庐照时值收为公产，以现金分给诸庶弟，屋宇改为祠堂，田亩以充义庄。诸庶弟乃百计抗之，喟然而罢，为致病胃垂三年。自分无生理，思赡族之愿既不偿，何如出以济世？及丁巳，近畿水灾，乃斥鬻所藏，即精品若王右丞《江山雪霁》卷之类，亦不复矜惜。沈乙庵尚书赠予诗，所谓"罗君章有唐年雪，挥手能疗天下饥"者是也。得日币二万元。戊午春，扶病返国，携大儿福成与沪上红十字会员散放保定之清苑、涞水二县春赈。此虽于民生未必有济，即亦几何？然亦推吾锡类之心而已。

袁氏假共和以窃国，阴欲窃帝号以自娱。及称帝不成，而愤死。柯蓼园学士乃邮书，招予返国，谓元凶已伏天诛，辽东皂帽盍归来乎？予复书，言郿坞虽倾，李郭尚在，非其时也。及欧战告终，疫疠大作，家人无不感染。四儿妇李致成肺病，次儿福苌转为肋膜炎。乃送儿妇返国，不数月身故。次儿转地疗养，亦无效。予病胃，复不瘥，乃慨然动归欤之念，欲于涞、易间卜宅以老。东方友人闻之，多方维絷，京坂诸公欲于吉田山为予筑精舍，且为谋致月廪。情至殷厚，坚谢乃得免。濒行，两京、神、坂耆旧数十人，公饯于圆山公园。念予初至时，亡友富冈君（谦藏）同诸博士至神户相迓，才逾八载，遽作古人，为之黯然。而君之先德铁斋先生，年垂九十，亦扶鸠来饯，诸博士复送予至神户登舟。此邦人情之厚，令我至今感叹不忘也。方东邦耆旧饯予时，酒阑，犬养君（毅）询予曰：公居此邦，平日但言学术，不及政治。今垂别，破例一言可乎？予应之，曰：辱承下问，敢不以对？东西立国，思想迥异，而互有得失。东方以养民为政本，均安为要归，而疏于对外；西方则通商、练兵、长驾远驭，而疏于安内。今欧战告终，赤化遽兴，此平日不谋均安之效也。此祸或且延及东方，愿贵邦柄政诸公幸早留意。犬养君曰：此虽当虑，但东方素无此等思想，似不至波及。予曰：欧洲开化迟，今日所谓崭新思想，在中国则已成过去。不但曾有此思想，且实行试验，盖试而不能行，故久废也。即如今日苏俄所倡产业国有及无阶级政治，中国固已早行之，而早灭矣。犬养君闻之愕然，请其征。予曰：井田之制，非产业国有乎？阡陌开，而井田废矣。《孟子》言"貉之为国，无君臣、上下、百官有司"，非无阶级政治乎？此等政治仅见《孟子》书中，不见他载籍。盖至孟子时，废且久矣。窃谓今日为国，不谋均安而骛富强，则苏俄其前车也。犬养君乃掀髯首肯。今去予返国甫逾十年，而东方少年思想日异，予当日所虑者，乃不幸而中矣。

予在京都，既影印西陲古卷轴，欲继是影印东邦所藏卷子本各书，顾仅成数种，即告归。乃捐净土寺町寓宅，于京都文科大学售之，以充继续印书之费，且为居东之纪念，以托内藤、狩野两博士。予归国后，成书数种。今又十余年，闻将有续印者，想两博士必始终章予之志也。

予自海东归国，岁在己未。春末先至沪，遣嫁王氏女。预于津洁赁楼三楹，以贮由海东运归之书卷长物。请姊夫何益三孝廉住津接收，并请吾友王君九学部代觅宅，以栖眷属。天津金浚宣民部（钺）闻之，慨然以英租界集贤村别业二十余间相假。予与金君未谋面，闻其于海桑后闭户谢客，读书养志，迥异时流。及至津，遂订交焉。居集贤村逾年，乃卜地法界三十一号路，建楼十数楹。尚余二宅，赁之于人。颜之曰"嘉乐里"，于是留津者垂十年。

予至津后，即至梁格庄展谒德宗山陵，且谋购地卜宅，乃以故不能遂初志。亡友南丰赵声伯太守（世骏）劝予入居都中，谓后门有宅，价至廉，数千金可得也，意颇动。时番禺梁文忠公（鼎芬）病，往视之。寻见报纸载梁公将荐予代彼为师傅，知谣诼必有由来，遂谢赵君，决居天津，不复徙矣。

居天津后，旧游往还颇多，不能如海东之静谧。且一再移居，料理书籍费时日颇久，然胃病乃自愈。始知在海东久不痊者，半由水土所致也。在津稍久，得识南皮张小帆中丞（曾）、丰润张安圃督部（人骏）。时旧交如姻丈桐乡劳玉初尚书（乃宣）、蒙古升吉甫相国（允），皆侨居青岛，时往存问。以后岁或一再至，略如往在海东时之岁至申江矣。

予与吉甫相国初非素谂。往岁旅居海东时，公亦侨居东京，由文求堂主人田中君为之介，乃得相见。公时寓深田银行别邸，衣服不完，而志气弥厉。平日不事生产，罢官后躬耕渭滨。辛亥国变，朝旨授陕西巡抚，督办陕甘军务，乃领甘军力战。至壬子春，乃罢居东，不久归国，寓青岛。渭滨田已遭没收，贫不能自存。劳丈移书故交为谋饔飧，予乃岁馈银币千元。及青岛收回，予迎至天津，割嘉乐里楼三楹以居之，岁馈如故。公尝自叹任疆吏多年，乃以猪肝累人为歉，予曰：久任疆吏，至贫不能自存，乃盛德事，何歉耶？居东时，日本内藤湖南博士赠公诗，有"绝世奇男王保保，可能痛饮岳耶耶"语，异邦人亦钦挹若此。在青岛已幽忧致疾，旅津后频上封事，甲子之变益愤懑，疾日进，然日必扶病造行朝。近则神识衰颓，饰巾待尽。予二十年来见遗臣能任社稷重寄者，公一人而已。

予去国八年，及返津沽，见民生凋弊，京旗人民死亡枕藉，无顾恤者。庚申秋，柯蓼园学士至津，与予商拟鸠款二三千元办冬赈，俾略缓须臾之死。予意此亦姑救一时，所裨至微，不如宽筹款项，创一京旗生计维持会。蓼园韪焉，而虑巨款难集。予乃检所藏书画金石刻数百品，于京师江西会馆开会展览，售以捐该会。三日间得二万元，乃以万八千元为维持会基础，以二千元拯豫灾。复至沪上募义金，先后共收十三万余元。乃于十月望放急赈，推及东、西两陵，并于京师设文课，以恤士流，设工厂二所，以收少年子弟。明年于天津设博爱工厂一所。会绅金息侯少府（梁）倡议，维持生计必须由银行入手，少府乃于义金中提出五万元，并招集商股，为东华银行，自任其事。至每年冬，例办急赈。津厂初设织布、织带、织巾、织帘、制漆、布沙纸诸科，后生徒再毕业，乃罢诸科，专设印刷科。经费不足，募商股及慈善股充之。津厂初赁屋充用，后乃于河北购地建房。并议于京师设贞苦堂以恤孤嫠，乃银行以连年遭兵事折阅，不能进行。印刷厂则以津沽为商业地，文化未开，印书者少，由予出资印行古书籍，以充厂用。及予移居辽东，津厂不能兼顾，遂停止。此会先后垂十年，终以费绌不能发展。予对义捐诸人负愧无地，若尚得苟活数年，终当补偿折阅，否则望之我子孙。我子孙苟具天良，必不忍使吾留此憾也。

欧战以后，欧美各国争研究东方学术。法国大学院乃公举予为东方通信员。回顾我国，则异学争鸣，斯文将坠。乃鸠合南北同志，创东方学会，会中拟设四部：一印刷局，以传布古籍；二图书馆，以收集古籍；三博物馆，以搜集古器；四通信部，与国内外学者通音问、相切磋。而先从印刷始。借博爱工厂印刷处，由予捐资印书数十种。所谓学会者，仅留此爪痕。其二三两事，则以经费浩繁，不愿向人集资，乃无从进行。今且并印刷事亦中止。平生所怀愿大者，固莫能偿；即此小小者，亦不克成就，良自恶已。

燕都自明季甲申之变，宫中文物一时都尽。我朝治平垂三百年，以康乾之隆盛，复为搜聚天府之藏，遂驾明季而上之。海桑以后，宫禁稍疏，间有一二为宵小窃出者。不逞之徒遂谓禁籞所藏乃历代留传，非一姓所有。又因一二流出之物，遂谓为不能保存。盖甲子之变，彼辈生心久矣。当道顾瞢然如睡，予私意不如由皇室自立图书馆、博物馆；但虑首都频年兵事不已，即设立，亦难免咸阳一炬，不如立之于使馆界内。顾《庚子条约》，中国不能在使馆界居住外人，或以为口实，继念两馆关系文化，或不为使团所拒，乃以此意与德国友人卫礼贤。商之。卫时为德使馆顾问，闻之欣然，转谋之德使。德使与荷公使至契，复商之荷使。皆极端赞许，为予言奥国自大战后，未派遣使臣，以后且无派遣之日。其馆地甚大，由荷使代管，现方闲旷，若皇室定计，即由荷使电商奥国，借为两馆筹备处，奥必允诺。至以后建造两馆，德使愿将彼国在京兵房操场捐为馆地，皇室若无建筑费及维持费，当由使团在各国捐募，不难集事。属予以此陈之皇室。予闻之欣然，乃据情作函，请师傅及内务府大臣代陈，乃久无复音。升相国闻之，复据予函所言以封事上陈，亦无效。且有谣言，谓予与时流某将借此谋盗窃者。知阻力甚深，乃谢卫君，卫君亦为长喟。吾谋不用，及甲子十月之变，于是三百年宝藏，荡然无复遗矣！

壬戌冬，皇上大婚礼成。升相国奏陈皇上，春秋方富，请选海内士夫学行并茂者人侍左右，皇上俞其请。乃于癸亥夏，诏温肃杨钟羲、王国维、景方昶人值南书房，首命检景阳宫书籍。知圣意仍欲立图书馆、博物馆，不因左右之言而阻也。及甲子秋，予继入南斋，谕令审定内府古彝器，又命检查养心殿陈设。于是圣意益明，然为时则已晚矣。

予自返津后，每岁正月十三日皆入都祝贺万寿圣节。及大婚礼成，乃蒙召见于养心殿东暖阁，奏对颇久，温谕周。至甲子夏五月，奉旨著在紫禁城骑马，八月又奉命入直南书房。疏远小臣骤擢近侍，圣恩稠叠，至今无以报称，念之惶愧汗下。予以中秋三日奉恩命，熟筹进退，颇有顾虑，意欲恳辞，商之升吉甫相国。相国谓义不可辞，然方寸仍不能无虑。乃先作书致螺江陈太傅，请先代奏，以京旗生计会须料理，以后拟半月在京供职，半月乞假理会事，预为日后求退地。螺江许之，乃以八日入都具折谢恩，蒙赐对、赐餐，谕京旗事不必每月请假，务留京供职，且谕令即检查审定内府古彝器。既退，谒陈、朱两傅。螺江太傅谓所托已代奏，朱傅谓南斋现已有六人，事务至简，已代为恳辞，今既入谢，以后不必案日入直，随时可返津也。已而又亲访忠悫，属劝予不必留京。然予既奉检查内府古器之命，不可遽辞。幸当时即面荐王国维同任检查事，仍预为乞退地，意欲于一二月后陈乞。乃于次日即与忠悫同检查宁寿宫藏器。甫三日，复奉命与袁励准、王国维先检查养心殿陈设。既逾月，私喜内务府尚未为予请食俸，未颁月饩，以为进退益可裕如。乃至十月而值宫门之变，遂万不忍以乞身请，忧患乃荐至矣！

当冯玉祥军未入城前数日，国民军孙岳即遣炮兵驻扎大高殿，距神武门仅隔一御沟已。咄咄逼人，逆知必有故。及孙岳私开城、纳冯军之晨，即于景山架炮直指皇居。益知变且亟，乃与同僚亟诣内务府大臣，许筹商备御。予言未竟，内务府绍大臣哂曰：冯军之入，与我何涉？不观已禁曹锟耶？君甫入直内廷，予等数年来所经变故多矣。均以持镇静得无事。万一城内骚动，以土袋塞神武门，决无虑也。乃命备土囊数十。予闻之，愈不安。时京津汽车不通，乃诣日本使馆，商附列国车赴津，设法使馆许给证。濒行，属日本兵营军官竹本君，万一有事，幸以无线电报我。竹本君谓一二日内或不至变，乃以昧爽附车行，向夕始抵津。一日未食，方拟具餐，而日本司令部参谋金子君遽至，谓得京电，冯军鹿钟麟部入宫，逼改优待条件，闻之神魂飞越。询以后事如何，对以未详。乃急诣司令部，请司令官为介，往见段祺瑞，将陈说大义，令发电止暴动。司令官许诺，出刺为介。持刺往，则段将就寝，丁君问槎出见，谓有事当代达。予告以来意，且坚订面见。丁君将予意告段，段如命发电而谢面见，乃商定电文，交日司令部拍发，予心稍安。归思电由日司令部拍发，冯军或不承认，乃又往，请再发官电。段亦允诺，并托丁分电两傅及内务府大臣。电既发乃归，夜不成寐，坐以待旦。翌晨附车入都，夜三鼓方至前门。先至金息侯少府许探消息，始知圣驾已出幸醇邸矣，心乃稍安。是时予主忠悫家所居在后门织染胡同，急驱车往，既见忠悫，乃为详言逼宫状，为之发指眦裂。因告予上谕已派贝勒载润及绍英、耆龄、宝熙及予为皇室善后委员，与国民军折冲。时鹿钟麟派兵一营围行朝，名为保卫，阴实监视群臣，须投刺许可，乃得入，向夕即出入不通。时夜深不能诣行朝，侵晨乃得展觐。上慰勉周挚，为之泣下。是日初与鹿钟麟辈相见，先议定诸臣出入不得禁止，及御用衣物须携出两事。会议散，鹿等乃封坤宁宫后藏御宝室。愤甚，欲投御河自沉，寻念不可徒死，乃忍耻归寓，抚膺长恸，神明顿失。时已中夜，忠悫急延医士沈王桢君诊视，言心气暴伤，为投安眠药，谓若得睡，乃可治。及服药，得稍睡。翌朝，神明始复。盖不眠者，逾旬矣。自是遂却药不复御，盖以速死为幸也，乃卒亦无恙。

鹿军入宫时，端康太妃金棺尚停宫中，敬懿、荣惠两太妃亦未出宫。鹿钟麟等催促早日移出，诸以端康太妃金棺，可先出敬懿、荣惠两太妃。非得两太妃同意不可，予乃入觐两太妃。敬懿太妃言鹿军以非礼加皇帝，不能以加我，否则我且以死殉，我不畏彼也。予以此语鹿等，与约三事：一，太妃出宫时，不得检查，一切服用器物须携出；二，中国男女之防素严，本朝家规尤肃，太妃出宫时，民国诸委员及军人等，均须屏退；三，出宫日期由太妃自定，不得干涉。且告以汝等若自以为国家代表军队者，则处处应守法律，若军队不守法律，是贼军也。汝军为国家代表乎，抑为贼乎？汝等可自择，即可于三事之允否判之。鹿等初尚欲以女学生代军队检查，及诸人屏退，但照一相片；又谓出宫不强迫，但须示以约期。予皆严拒，彼等不得已均允从。于是，两太妃遂自择日出宫，鹿等亦不敢逾前约。至端康太妃金棺移出前，与约典礼必照旧制，彼等亦坚拒。及金棺外出时，方大雪，尽废旧制，仅旧臣数十人随从，道旁耆老观者多泣下。自太妃移出，予等遂拒绝鹿等，不复入议席。

鹿军围守行朝，与商代以警察，彼坚持不可。予夙夜祗惧，私意万一变出非常，予有死无二。乃夜起作遗属谕诸儿，部署未了各事。书成封固，寄津沽升相国长嗣叔炳兵部（际彪），语以俟有变故，即授予家人。兵部，予之门生也。予以鹿不肯撤兵，乃商之段祺瑞侍从武官长卫兴武，请由段饬鹿撤兵。卫以语段，段允饬鹿。乃一日午后撤兵，中夜又来，明晨更与卫商，兵再撤。予念彼等允撤兵，必有他阴谋，乃于撤兵第一日商之陈太傅，请于上令警察随从，往谒太妃。又越日，予与陈傅密商，谓撤兵亦至危，非速移使馆不可。议定，由陈傅借英文师傅庄士敦汽车赴北府，迎上微行，赴使馆界。先至德医院小憩，后至日本使馆。日本芳泽公使（谦吉）乃通电其国政府，并以电话报驻京各国使馆，公使夫人亲洒扫馆楼，并命书记官池部君（政次）常川照料。翌日，公使复遣池部君往迓皇后，鹿钟麟抗不放行，公使复亲往，乃不敢再阻。当皇上出北府时，风霾大作，官道中不辨行人，故沿路军警皆无知者，遂得安稳出险。

当上未莅日馆之前，予与胶州柯学士（劭忞）忧北府危地，不可久居，乃同访日本公使，商假馆事。公使谓由使馆往迓种种未便，若诸君能卫上莅此，当竭诚保卫。及上莅使馆界，庄傅先至英使馆商税驾，英使以未便辞。乃仍至日使馆。

上莅使馆之翌晨，予奏：国民军以暴力逼改优待条件，当时处危地不可以理喻，今既出险若仍不言也，是默认也。宜向各邦宣告当日以暴力迫协，由片面擅改优待条件情形。并预拟一谕旨，纳袖中。上曰：连日廷议，各执极端。有主张自消尊号，辞优待，谓帝号、优待实为厉阶者；有称与段祺瑞厚善，必能使其恢复旧约，取消新约者；且有谓出宫须卜新居，宜向民国追索历年积欠优待费者。其说均不可行。今向各国宣布，将何以为辞乎？予启：但言暴力迫胁，由片面擅改条约，于法律不能生效力，矢不承认可矣。并出袖中拟旨上呈，上以为然。乃饬由内务府先传达段祺瑞，寻函告驻京各国公使，俾转报政府。于是，持自销尊号者始结舌，而自谓能令段祺瑞恢复优待者，以不能实其言，亦不告而南归矣。

车驾幸日使馆后，王公师傅及内务府、南书房诸人分班入侍。既月余，上与诸老臣谋他徙，皆不可。与公使商之，公使碍于邦交，亦有难色，谓兹事体大，容详图。最后，上乃派柯学士偕池部君往商之段祺瑞，言上意既愿他徙，不敢违，然须伺相当时机，妥为保护乃可，幸勿造次。盖段意实不欲上他徙，姑以此塞责也。于是移跸之事，乃益梗矣。

予自随侍入使馆后，见池部君为人有风力，能断事，乃推诚结纳。池部君亦推诚相接。因密与商上行止，池部君谓异日中国之乱，非上不能定，宜早他去，以就宏图。于是两人契益深。乙丑二月朔，上密招予，商去使馆赴日本，令予随从。以公使碍于邦交，欲自动出京，不复商之。予谓现国民党方注意宫中宝物，并日侍孙文病，虽于报章肆恶骂，然乃虚声恫喝，防备实疏。且臣有门生在某银行，能得国民军消息，凡京津驻兵更替，令密报。现国民军方换防，仅丰台、廊坊驻奉军少许，出京正值其时。然出京后，即须由日本保卫，仍非得公使同意不可，请招池部君谋之。池部至极赞同，亦谓非得公使同意不可，但非解除邦交困难，不能得同意。知必有以处此，予谓但有以权辞告公使，谓上自动出京，事已密商段，段默认，亦请公使默认。如是，公使或不至为难。池部君称善，乃由渠商之公使，公使诺焉。遂以晚八时，由池部君卫上出前门登车，予与儿子福葆随从。乙夜，遂安抵津站。日本总领事已密在站迎迓，为备大和旅馆驻跸。诘晨，池部君夫妇亦侍皇后由京至天津，乃移寓前湖北提督张彪别墅。

方予随跸前二日，柯蓼园学士（柯劭忞）密戒予，谓有谮公于上前，言公与民党交厚，恐且谋危圣躬，宜斥遂，勿与近，公宜善自为地。予讶其言离奇，然不能恝置。时津寓有病者，乃乞假一二日，以觇上意。上温谕曰：卿之请假，殆托故求退耶？知卿忠悃，必未忍出此。予因以所闻对，谓既有此谤，分宜远嫌。上笑曰：谤人不类至此，朕何能信？一二日有要事相商，卿必不可去。予遂不敢复言。越日，乃商移跸事。议既定，予启上，是否密告左右重要诸臣？上曰：乌可告？又启是否密告皇后？上亦曰：否。予曰：事固宜至密，然左氏所谓六逆，臣已蹈其五，异日谗谤之来，弗可免矣！上谕以勉膺艰巨，勿避嫌怨。予感激知遇，遂冒险不辞，幸赖九庙之灵，属车不惊，予至是虽为丛怨之府，亦非所恤也。

圣驾驻跸张园，初拟小憩数日即东渡，已由池部君部署船位。而京津诸臣乃谓东渡不如在津之安，又有飞语中池部君者，谓池部有脑疾，随从殊不妥。南中诸遗臣又有以函电阻行者。因是乘舆遂滞津不去。是年，池部君调宜昌总领事，未几以疾卒。上厚恤其遗孤，予亦为位哭之。每念往日患难中竭诚相助，虽骨肉不能逾感谢之忱，毕吾生不能忘，即吾子孙亦当世世尸祝者也。

车驾莅津之次日，都中诸臣至。又数日，沪上诸臣亦至。留津议既定，奉谕命予帮办留京善后事宜，兼办天津临时交派事件，寻与升允、袁大化、铁良同拜顾问。予与升公均以名位太崇，辞不敢就，奉谕不许辞，然实无所报。且乙丑以后，连年值内战，津沽甚危，予与升文忠公、王忠悫公忧之甚然，均无从致力。予拜疏求退，上命陈傅就予家勉留，乃不敢复请。至丁卯，时局益危，忠悫遂以五月三日自沉于颐和园昆明湖。上闻之悼甚，所以饰终者至厚。予伤忠悫虽致命，仍不能遂志，既酿金恤其孤嫠，复以一岁之力，订其遗著之未刊及属草未竟者，编为《海宁王忠悫公遗书》，由公同学为集资印行。念予与忠悫交垂三十年，其学行卓然，为海内大师，一旦完大节，在公为无憾，而予则草间忍死，仍不得解脱世网，至此万念皆灰，乃部署未了各事，以俟命尽。顾匆匆又五年，公平日夙以宏济期予，不知异日将何以慰公于九原也！

予既不得乞退，闭门思过，无补涓埃，且数年不理家事，致多逋负。乃于戊辰冬鬻津沽寓居，别卜地于旅顺，以卖宅之资从事建筑，余以偿负。以孟冬再求退，上手谕数百言，慰留甚至。乃复面陈在津无以报称，移居后仍当勉竭驽骀，谋补万一，上乃许行。遂以岁暮携孥赴新居。尔后每年正月，必赴津恭祝圣寿。辛未秋，蒙古升文忠公（允）没于津门，往哭之。予平日交游至少，忠悫既逝，文忠亦骑箕天上，海内同好益寥落如晨星矣！

予往在海东，筑小楼敬储列圣宸翰，番禺梁文忠公（梁鼎芬）为署楼榜曰"宸翰"。及寓辽东，复以是榜揭寓楼。庚午岁，予敬检列圣宸翰及列圣御集进呈，承赐"研精绵

"帙"额。忆往岁大婚礼成，蒙赏"贞心古松"额，乙丑六十，荷亲洒宸翰，锡"岁寒松柏"额，及山陵之变，予进呈修复银两，复荷赐"言泉文律"额，先后凡四，拜赐；历年并蒙赐"大吉日"、"健延年"春条三荷御容之赐，复历赏花瓶、福寿字纱縠、如意、汤圆、暑药、月饼、腊八粥、野鸡、江鱼、饽饽、蜜橘、苹果、炒面、西洋茶点，自惟以诸生滥竽郎署，以大礼恩赏三代正三品，海桑以后，复入侍南书房。殊恩异数，叨窃至此。世世子孙当衔结图报，宁止没齿不敢忘已哉！

予在津沽以前，曾编平生著书得百种，二百四十一卷。居辽以后，闭门不通人事，仍以著书遣日。三年间复成书十四种，四十余卷。辛未夏，东北文化会请予讲考古学，予意有清一代学术昌明，义理、训诂兼汉、宋之长，中叶以后，偏重训诂名物，不能无失。至于今日人伦攸、圣学垂绝，非讲求三千年精神文明，不能救人心之陷溺。乃为讲本朝学术源流派别。金州士绅又邀予讲学于孔庙明伦堂，复为讲《论语》义。惜以满洲兵事辍讲。安得禹甸复清，俾得竟此志耶？

予自卜居辽东，寓居颇隘，别赁二宅庋所藏书，阅览殊不便。乃以辛未夏别赁宅后地二亩，为书楼三楹，旁附二小室。仲秋经始，逾年春乃讫工。初拟晚年尽屏百家之学，岁温经一二遍，并课子孙于此。乃兵事起录录道途忧患，余生恐无复读书之乐，而回天事业亦百不称意，七尺之躯且付诸大造，于斯楼又奚恋耶！

予自辛亥避地海东，意中日唇齿，彼邦人士必有明辅车之相依、燎原之将及者，乃历八年之久，竟无所遇。于是浩然有归志，遂以己未返国。寓天津者又十年，目击军人私斗，连年不已，邪说横行，人纪扫地，不忍见闻，乃复避地辽东又三年。衰年望治之心日迫，私意关内麻乱，无从下手，惟东三省尚未甚糜烂，莫如吁恳我皇上先拯救满蒙三千万有众，然后再以三省之力戡定关内。惟此事非得东三省当道有势力、明大义者，不能相与有成。乃以辛未春赴吉林，与熙君格民（洽）密商之。熙君夙具匡复之志，一见相契合，勉以珍重待时。又以东三省与日本关系甚深，非得友邦谅解，不克有成。故居辽以后，颇与日本关东司令官相往还，力陈欲谋东亚之和平，非中日协力，从东三省下手不可；欲维持东三省，非请我皇上临御不能洽民望。友邦当道闻之，颇动听。及是年秋，奉天兵事起，乃六次渡辽与熙君及友邦军部协商，遂决迎驾莅东之计。复诣天津行在，面奏请旨，得俞允。是年冬，圣驾遂由天津至营口暂驻，跸汤岗子而至旅顺。

中国廿年来民生涂炭，皆由改帝政为共和，导天下人以向利忘义，浸成不夺不餍之局，三尺童子亦知其害。故欲挽横流，非恢复旧制不可。及予既与熙君定策，乃为拟通告中外电稿，并商之友邦军部，亦表示同意。乃恭迓圣驾。莅辽后，不意于政体忽生枝节，事机不顺。内咎寸衷，冬春间遂病呃逆，先后兼旬。欲谢绝医药，以待命尽。乃腊月廿八夕，圣驾临视，勉慰周挚，予感激非常，知遇乃不敢复萌死志。予当时《纪恩诗》有"敢言捧日心无二，妄冀回天事转歧"语，盖纪实也。然自是年以后，毕生皆负咎之日矣。原电录后：

古者建国立君，所以为民也。故民为邦本，经有明训。自辛亥革命改君主为共和，定民为主体，宜若可得国利民福矣！乃二十年来，争夺相仍，内战不已，死亡枕籍，不可数计，复刮民脂膏以充兵费。哀哉！吾民何以堪此？民既无以自存，国将何以为国？复提倡排外，构祸邻邦，势必将我黄农子孙殄无遗育而后已。今我东北四省同僚，为兵事善后，遍征父老子弟意见，佥谓抚我则后，虐我则仇。今推求祸始，稽之古训，惟天生民，有欲无主，乃乱自君位改为民主，人人皆有总统之望。于是竞存不夺不餍之心，名分不存，人欲日肆，于是总统制复变为委员制矣！委员制不能人人得权利，于是共产之邪说兴矣！乃知暴民专制之害，远过于君主独裁。今欲挽此狂澜，仍非恢复帝政不可。但遍求全国，德望资格无堪膺大位者。我宣统皇帝处龙潜之地，聪睿爱民，夙闻内外。且大清二百余年，圣贤之君六七作，德泽深入人心。在昔光宣之间，虽政治衰弱，然有苛税百出，不恤民命如今者否？有征缮不已，千里暴骨如今者否？有伦纪颓废，人禽不别如今者否？有官吏黩货，积资千万如今者否？有盗贼横行，道路不通如今者否？凡是之类，三尺童子亦能知之。东三省为大清龙兴之地，蒙古为列帝绥抚之邦，用是原本民意。合满蒙官民恭迓我大清皇帝临御旧都，匡复大业。一切政治制度，一秉睿裁，以复我三千年赫奕之文化，以活我四百兆垂绝之民生。切望我全国军民同心翊赞，并谨告我友邦群辟，重敦信睦，我国民实利赖之。

自分此身甘九死，天心特许保余年。

篝灯细数平生事，写入乌丝百幅笺。

百岁駸駸叹逝川，不成一事已华颠。

凄凉家国无穷感，一度思量一泫然。

已从有尽悟无生，安问人间利与名。

一任藩篱鸳鸠笑，此心早订白鸥盟。

膝前喜有读书孙，清白家风望汝存。

一语书绅牢记取，莫忘祖德与君恩。

自叙此编，付长孙继祖书之。题四绝句，贞松老人又记。

（《贞松老人遗稿甲集》）

扶桑两月记

　　光绪辛丑，奉新宁、南皮两宫保命，至日本视察学务。仲冬启行，新岁遄归，在东仅仅两月耳。此两月中，凡与彼都人士所考究，归寓辄篝灯记之。至此次调查宗旨，于教育外，兼及财政，因财政为百务根元。财政不修，百为都废，教育亦无由而兴也。顾舟车所至，时日苦短，又语言不通，致多阂隔。其所叙述，词在达意，随得随记，亦无伦脊。草草付刊，自知弇陋，欲求详尽，尚俟续游。壬寅二月下浣，上虞罗振玉书于清溪傅氏水阁。

　　辛丑冬十一月初四日，渡日本视察教育事务，奉南皮、新宁两宫保命也。九时携刘生秩庭（大猷）登神户丸，同行者为刘君聘之（洪烈）、陈君士可（毅）、胡君千之（钧）、田君小莼（吴焰）、左君立达（全孝）、陈君次方（问咸）六人。刘君为湖北两湖书院监院，陈君等五人，则自强学堂汉教习也。此行亦为视察学务，被南皮宫保之命，同予前往者。

初五日，风略大，船颇颠簸，与同人至舱面稍坐。

初六日，晨抵长崎。入市闲览，山水清绝，仿佛山荫道上。午正归舟。晚间舟大颠簸，夜寝不安。盖东行海程，以由上海至长崎为颠簸最多之处，次则过长崎不远、将近马关之处也。此行幸未遇风，尚不甚苦。

初七日，晨抵马关。睡中因医士验病，促之起。邮船每抵一埠，即有医士上船验病。此时病者甚少，故检查颇草草，若值疫期，则必详密检查云。是日风静舟稳，眠食俱适，舟中浴海水，身体甚快。

初八日，晨抵神户。至领事署拜黄伯雨太守（以霖），伯雨邀至改良亭午餐。馔中牛肉颇肥嫩，惜太生。案日本牛以神户为最，屠杀之前一月，必饲以精料，故甚美。午后六点七分钟，至三之宫火车栈，乘汽车发东京。夜间见大野有雪痕，知此间久见雪矣。

初九日，上午十一时到东京。范君子文、路君壬甫、王君惕斋在新桥车栈相待，因导至京桥区西绀屋町五番清净轩旅馆。午后至神田区购新书数种归。清净轩对古城址，老松罗列，风景颇佳。案日本之松，皆干短而枝长。其种植之法，于根下布石子，则直根不加长，而横根四出，凡树木直根长者干亦长，横根长则枝亦长也。旅馆亦极洁净，楹几楚楚有致，绝无纤尘。世界万国中，居宅极洁净者，不得不推日本矣。

初十日，午前至神田区购书，午后至上野公园博物馆。人出三钱买游券，乃得入。馆中列品甚多，以古化石及古陶器、古刀剑为最多。中有盲人西岛中丹以纸捻所制《道德经》，洵精绝。其余品物繁多，目不暇给。中有予所赠之汉画石刻、晋砖、古盏、古陶尊在焉。公园左侧，有西乡南洲铜像，在彰义队义士墓前。彰义队者，忠于德川氏，以孤忠抗南洲而死事者也。归途过文行堂书坊，得《续高僧传》写本残卷一轴，白麻纸两面书，宋以前物也。并购旧书十余种归。

十一日，拜蔡和甫公使。购书过芝区，长松夹道，景色秀绝，古人所谓"十洲三岛"，仙人所居，洵不诬也。

十二日，作致沪上戚友书。日本文明之机关最显著者有三，曰铁路也、邮政也、电线电话也，此三事为交通最大机关，而文明由是启焉，故开民智以便交通为第一义。我国若三十年前即开铁路，何至今日尚否塞如是乎？在旅馆中数日，每日必见邮便车络绎不绝，而电话则处处安置，数十里、数百里如觌面，便何如乎。电报价值极贱，此亦助文明开世运之一端。我国将来亦必仿行乃可也。考日本货币之制分四种：曰金货，黄金九百分和铜百分；银货，银八百分和铜二百分；白铜货，铜七百五十分和镍格尔二百五十分；青铜货，铜九百五十分和亚铅五十分。纸币则政府流通者二百一十九万九千圆，国立银行者五十九万四千圆。（明治三十三年数）日本议院之制，贵族议员分四等，曰皇族、曰五爵、曰敕选（即有功于国，天皇特旨用之者）、曰纳税多者。其纳税额最多者，岁至一万二千余圆。至众议院之议员，则不拘职业，凡官员、医师、新闻记者、辩护士、银行及会社员、农工商业暨矿山业、杂业与无职业者，均有之。其年岁在三十以上、六十以下者居多。日本财政，于地税外，更征所得税。盖就国民每岁入款征之，岁入三百圆以下者不征。阅其统计表，明治三十二年所得税总额为六百零八万七千九百一十二圆。今中国财政困难，丁税已并入正税，既不能更出，则所得税可行也。但必须警察既立以后，乃能无弊耳。

十三日，至神田区购书，午后移寓曲町区永田町二丁目二十八番地。屋三楹，在山巅，颇净爽。

十四日，东友古城贞吉来谈久许。午后，拜蔡和甫公使。

十五日，购中小学用教科书，兼购日本古泉币数十枚。是日晚间东京市火，风甚烈，然不久即息。从前东京火患甚多，及消防局立，而火灾大减。消防局隶于警察部，司其职者，有消防士、消防机关士、机关手，其规模甚精密。

十六日，书林送各种教育书来，选留百余册。

十七日，体中大不适，腿软而酸，拟明日至箱根浴温泉以疗之。

十八日，午后至箱根，寓塔之泽福住楼。地极僻静，在山之腹。泉声如骤雨，令人心脾俱爽。是晚浴温泉，体略佳。途次遇中岛农学士（正四郎），现为农桑务省专卖局审查官。言日本全国烟草归国家专卖，每年平均之数，赢一千万圆，为日本国用岁入之一大宗。今中国方苦度支不给，此可放行者也。

十九日，早起，见四山环抱，林木森郁，虽山骨壁立之处，亦有苍松翠筱，可见东人之不弃地利。若中国能仿行，其利顾不大哉！且查箱根之山，表土甚浅，往往见山骨。若中国之山，表土多丰厚，然濯濯如髡首，岂不可惜哉？午刻至玉帘之陇观瀑布，并至发电场。该场以瀑布发电，箱根至东京电车，即用此电也。闻西京用水电者甚多，中国则可兴此利之处不少，惜无起而图之、以为民倡者。观览之余，为之浩然兴叹。

二十日，中岛君与其友真山（总三郎）、泽村（真）、大林（雄也）三学士，及其师佐佐木（忠二郎）来避寒，同寓福住楼，来拜。佐佐木博士为日本昆虫学山斗，现为大学教授。大林君现为西原讲习所长，精于制茶。与谈制茶事，渠允赠制茶报告，订于下月间在西原讲习所相见。意甚挚。早餐后入市闲步，购寄木小器及漆器数事归，皆箱根名产也。

二十一日，返曲町寓。晚至新桥博品馆购物。是日为阳历岁除，市上人家门首，多插青竹三枚，斜削如马蹄状，而外面间以松梅。更以稻稿为绳，横系门楣，而悬稿纸累累于绳上。其岁景如此也。

二十二日，为阳历元旦，整理所购教育书籍。午间至左近日枝神社，见彼邦人来拜神者甚多。其礼式，鞠躬鼓掌，口中喃喃默祝，祝已，施钱于神柜而去。宗教之力，能移人如此，五洲所同也。

二十三日，到此正值彼邦停学之时，学校不能往看，甚闷闷。午后至神田区购《青渊先生六十年史》而归。青渊先生，涩泽荣一号也。涩泽氏为东邦实业大家，凡银行、铁路、刷印、电车、邮船、电线、电话等，一切实业之发达，皆先生为之启发。经营三十余年间，而国家致今日之隆盛，洵伟人也。异日当摘译为小册，以劝我邦之实业家。

二十四日，闻客言日本去岁商船学校诸生毕业，学驾驶，舟行不远而沉没。学生数十人，皆无踪迹。此成绩大不良，然后来投考入校，乃较多于前。此可见彼邦人之勇猛励学，遭失败而不惧，可敬可畏也。

二十五日，读日本政书，载其开矿定章：凡矿物未经采掘者，属国家，不许外人采掘。本邦人采掘者，须呈请农商务省，核准矿区。每区面积，煤在一万坪（每坪六方尺）以上，他矿物在三千坪以上，均不得逾六十万坪云云。今我政府不能预定开矿章程，致外人之索开者纷至，动至指一省一府之地为限，吁可异也。为今日计，何不下令听民间开采，以敌外来之势力乎？是所望于当道者。

二十六日，至下谷区池之端仲町琳琅阁书肆看书。该店专售古书籍，然中土古籍不甚多，非若昔者往往有秘籍矣。购得梁李逻注《千字文》一册。灯下观之，实系伪书。其注中言宋帝刘裕取钟繇所书《千字文》，命王羲之次均云云。注中又有贞观年代，其文鄙拙可笑。曩于日本图经中见此书名，颇意为秘籍，今乃知是伪作，可发一噱。又购得《史记·河渠书》卷子本半卷，《欧阳文忠集》一部。欧集为三十六卷本，前有苏文忠序，熙宁五年七月公之子发所编定，中土所无也。

二十七日，选教育书中切要者五册，送陈君士可等分译之。是日脚病大作，晚间至不能步。

二十八日，读东籍，知彼邦制度，地方参事会员、市町村役场员等任地方之事者，或不给定俸，以名誉职遇之。曩读《周礼》，前人以为设官太多，禄不足以养之。今参之东制，疑《周官》所设之官，必有如东邦今日之制所谓"名誉员"，不给俸者。著之俟考。

二十九日，读日本统计书，载明治三十四年度岁入预计。印纸一项，收入计一千三百六十九万九千零六十九圆。以中国地方面积计之，不啻十余倍。若停厘金而代以印税，极少之数，亦不下三四千万。当道亦何所迟疑，而郑重于裁厘金一事，不顾民生之凋弊如此哉？今日言理财者，尚胶执"商为末富"之言，谓与其加农税，无宁取商税，此大谬也。农工商三者，同为国家财政之枢要。譬之人身，农犹咽喉也，工犹胃腑，商则大肠也。若咽喉无病，饮食入胃，而大肠窒塞不通，则胃不消化，而咽喉亦不能独奏养生之功矣。此理浅近易知，而顾多昧昧者，不可解也。

三十日，因足病甚，至横滨乞医。医者汤君言是脚气，为处方。兼至露清银行贷金三百圆，因旅费已告罄也。

十一月初一日，贵族院议员伊泽修二君托公使蔡京卿介绍，欲订期相见，与定初三日。伊泽君为彼邦教育大家，初游学欧美，归任文部省编辑官，手订教科各书，已而为高等师范学校校长。今闻予来，故欲一谈教育事云。

初二日，连日服药大不效，举步皆艰。日本东京之土质甚松软，稍冻则膨胀，连日庭土坟起，而草木无瘁色。屋角茶花，含苞欲吐，与江浙气候大异。街道甚宽广，然满布砂砾，其广狭有定制。从东京达镇守府，从镇守府达师团所在地，为国道，广二十四尺至二十八尺。接续各县，及从各师团达分营，或从各府县本厅达支厅，及开港场，为县道，广十六尺至二十尺。贯通村落，及从村落达田野、河流、矿山、工厂、神社、佛阁之道，为里道，广狭无定制。此中国所当仿行者。又市间道旁有尘芥容器，贮积尘芥，以木制之。此亦与卫生有益，亟当仿行者也。

初三日，使署译员冯君，同伊泽君来拜，与谈良久。伊泽君言彼邦初亦不知教育为何事，至福泽谕吉君著西洋事情，于是国内始知"教育"二字。初创文部省，雇外国人为顾问员，并招集至欧美游学归之生徒充办事人。以旧开成学校改大学校，而聘美国人之留日本者，为师范教习。初授师范生三十人，徐而散布国中，渐次普及。合其上下三十年之经营，乃有今日云云。又详询此次来办教科书及视察学务之实况，并言彼邦教育家，甚愿助我国编定教科书。渠于新岁，亦欲至中国调查学务，意甚周挚。午后小村俊三郎君来谈，言近日各学堂已开校，可以阅看。然以脚病不能行步，大闷闷。

初四日，勉送客至新桥火车栈。晤津田农学士（仙），与谈农学久许，并同至偕乐园晚餐。前日季直有信来，属探询日本造闸之式，有用两扉、一人能启闭者。质之津田君，津田君言仙台左近之北上川闸形如此，乃荷兰工师所监造。允于内务省为觅图样云。

初五日，以足病日剧，小村君为介绍至小西医学士宅诊视。小西君言非脚气，乃水虫病，属静养，并给油膏。初疑是脚气，此刻心乃稍安。

初六日，以脚疾仍未稍瘥，延汉医浅田君（恭悦）治之。浅田君为名医浅田宗伯之子，乃东邦汉医世家。今举国皆西医，汉医仅浅田君，可谓晨星硕果矣。浅田君言予脚非脚气，如小西君言，为处方调剂。浅田君言此症宜浴温泉，但必须十四五日乃可，三四日无效也。箱根有七温泉，有芦汤者，与此症最宜云云。灯下读日本史，载今皇初纪，率公卿诸侯，誓于天地神祇，曰广兴会议，万机决之公论；曰上下一心，盛行经纶；曰文武一途，至庶民各遂其志，使人心不倦；曰破旧来之陋习，基天地之公道；曰求智识于世界，大振起皇基。案此五誓，字字警切，大哉王言。三十年来，遽臻隆盛，有以也。予尝与友人论人禽之界，在用外界之力与用一己之力之分而已。禽兽之力，仅恃爪牙之利，羽翼之丰，蹄足之捷耳。人则能以丝布为衣被，铸金铁为戈矛，服牛马以奔走，求知识于世界。盖取之于一身，其力有尽，借助于外界，其力无穷。世之欲成事业成学问者，皆非借助于外界之力不可，况于宰治天下者乎？兹因日本誓谕而触及之，以质之留心当世之故者。

初七日，与冯君回拜伊泽君。伊泽君复详论译书事，意欲合中日之力，译印教科书，而定板权之法制。并出教科书十余种见赠，为言中国习外国语，东文较简易，日本近来要书略备，取迳尤捷，西文则非数年内所能精通。并言今日不可遽忘忽道德教育，将来中学校以上，必讲《孝经》《论语》《孟子》，然后及群经。其言极有理致。

初八日，近卫公爵、长冈子爵以书来，言后日同文书院移居，行开院式，请往观礼。以足疾辞，不克往。至小西君处就诊。读日本史，载明治初年，择功臣及大藩参政，命视察欧美，又遣嘉彰亲王、博经亲王，留学欧洲。此举极得教育枢要。近阅日本报，称暹罗太子现留学于英国牛津书院。蕞尔小邦，尚知自奋，我政府其留意于斯乎？

初九日，考日本强盛之机关，首在便交通，继在兴工业，三在改军制。明治五年，始修铁道，初起于东京、横滨，已而推之神户、至京都，驯至遍及全国。又创马车铁道、电气铁道，又通海线，通电话，立邮船会社，设邮政，而道途于是无阻滞。明治六年，奥国开万国博览会，乃携品物及工商数人往，传习西国工艺。九年，美国开博览会，政府又率诸工商赴会。明年，开内国劝农博览会于东京，赏以四种赏牌。其后搜集茶、丝、茧、棉、麦、稻、糖、陶、漆等物及海产等输出要品，开共进会，内务省大臣临莅奖之。于是输出之品，超出输入。废藩以后，定天子亲为大元帅，改征兵之制，全国之民，不问士庶贵贱，以满二十岁为及岁，征合格者，服常备三年、后备三年之役，余服国民军。又创宪兵，立警视部。于是军政修明。而又加之以兴教育，国力乃日臻强盛。此固我国先路之导也。

初十日，脚病稍减，至宫城左近略散步，见御河之旁，杂植松柳，柳树悉以人工修翦，枝干如拳，仿佛吾浙拳桑，不复知为柳矣。都市招牌，多用古字古义，如卖牛皮者曰革商，卖假发者曰鬀商，又多用商廛字，如某某商廛之类甚多。

十一日，拜外务大臣小村君、总务长珍田君，及文部大臣菊池君。午后拜近卫公爵、长冈子爵。日本实业，多师法各国，如制茶哺鸡，则皆聘中国人为教习。铅字刷印机器亦萨摩藩遣人就上海所购者。今则其技并精，出中国之上矣。又闻医术中之按摩法，西洋初无之，后自荷兰人得其法于日本，始传入欧洲。今西人按摩术，乃远过东邦。冰寒青胜，前事可师，我邦人其勉旃，勿耻学步也。

十二日，外部来知照，从十五日起，看各处学校，送排日单来。午后，至上野动物园游览。物品不甚多，有西乡隆盛狗一，甚猛。又有福岛少将（安正）马二，乃游西比里亚时所乘者。园中新到狮子二，故游人如织。归途过上野博物馆，路侧安置体量计，投铜币一，则指针自动。予就检体量，得十六贯五十目。

十三日，作译书章程。午后，至神田区购理化器具及学校用标本。灯下读日本文部省第二十七年报告，载明治三十二年，全国学校数凡二万八千七百十七所，教员凡十万零一千零零六人，学生及生徒四百五十一万三千三百三十四人，卒业生六十四万四千七百六十七人。比之前一年，学校增二百零六所，教员增七千一百四十三人，学生生徒增二十六万五千九百九十三人，卒业生增五万八千六百二十四人。一年之内，其进步之速如此。又考全国至就学年岁儿童中，就学之数，因地方而异，其最多者为岛根，居百分中之八十五以上，次之者为福冈，百人中至八十人以上。其教育之进步，洵可惊矣。

十四日，午后往高等师范学校，见校长嘉纳治五郎君，询教育下手方案，外务省译官小林君为通译。嘉纳君为讲普通教育之大概，言极详明。嘉纳君为日本教育家之山斗，近担任中国留学生事务，于东方教育极留意，可敬也。考日本教育，分隶各省，文部省所属，曰东京大学，曰农业教员养成所，曰京都大学，曰高等师范学校，曰女子高等师范学校，曰扎幌农学校，曰高等商业学校，曰商业教员养成所，曰高等学校（凡六所），曰东京工业学校，曰工业教员养成所，曰东京外国语学校，曰东京美术学校，曰东京音乐学校，曰大阪工业学校，曰东京盲哑学校，曰小学校。宫内省所属，曰学习院，曰华族女学校。陆军省所属，曰大学校，曰炮工学校，曰士官学校，曰中央幼年学校，曰地方幼年学校，曰户山学校，曰骑兵实施学校，曰野战炮兵射击学校，曰要塞炮兵射击学校，曰军医学校，曰兽医学校，曰经理学校，曰教导团，曰炮兵工科学校，曰军乐学校，曰陆地测量部修技所。海军省所属，曰大学校，曰兵学校，曰机关学校，曰军医学校，曰主计官练习所，曰造船工练习所。递信省所属,曰东京商船学校,曰商船学校分校(大阪一所,函馆一所),曰东京邮便电信学校。日本国书馆,明治三十二年设立之数,官立者一所,公立者十二所,私立者二百五十所。

十五日,外务省译员堺君(与三吉)导观高等师范学校附属之小学校。该校创于明治五年,初就旧昌平校遗址造之,名师范学校。翌年设附属小学校,供师范生实习下等小学课程。已而增设上等小学课程,今校长为嘉纳治五郎君,主事为森本清藏君。导阅各教室及讲堂与体操场等处,观诸教习讲授时,极和蔼周至,生徒礼貌,亦极整肃。校中分二部,皆为多级编制之高等小学及寻常小学。教室十有一,曰第一部寻常科一年生教室,曰二年生教室,曰三年生教室,曰第二部寻常一年生教室,曰二年生教室,曰三、四年生教室,曰高等第一、二年生教室,曰第三年生教室。又别有裁缝教室、器械标本室、应接所、职员室、会议室、体操器械置场、雨中体操场,布置井井。日本义务教育定为四年,高等小学年数则不一。此校第一部高等科为二年,第二部则为四年。学生定数,第一部寻常科一百六十名,高等科八十名,其编制以四十人为一学级。第二部寻常、高等两科各百二十人,其编制寻常一、二学年,均三十人为一级,第三、四年,合六十人为一级;高等科,第一、二年,第三、四年,均合六十人为一级。第一部之教科目,在寻常科为修身、国语、算术、历史、地理、理科、图画、唱歌、体操九项,高等科则增入英语,为十项。第二部之教科目,在寻常科为修身、国语、算术、体操、图画、唱歌、手工七项,高等科则增入日本历史、地理、理科、英语、裁缝（男儿则无此科）五项。第一部之授业费，寻常、高等皆每月一元五角，第二部则寻常科不收授业费，高等科每月五角云。

十六日，至女子高等师范学校。此校明治七年创设，初为女子师范学校。八年，皇后赠帑金五千圆，并临幸。九年，设附属幼稚园（此为日本幼稚园之嚆矢）。十一年，设附属小学科。十六年，置高等女学校。二十年，始改本校为高等师范女学校。今此校直辖文部省，校长为高岭秀夫君。先至幼稚园，此园为本校生徒练习幼儿保育之所。凡幼儿满三岁至六岁者，得就学，定额百二十名。其保育课目，为游戏（即体操之预备科）、唱歌、谈话、手技四者。其保育时数，每周二十五点钟，保育费每月一圆。更有幼稚园分室，则无保育费，皆贫民子弟。于前项四科中，增入洒扫等事。其幼儿皆秩然有序。考日全国幼稚园，官立者一所（即本校所附属），公立者百七十二所，私立者五十六所，共计二百二十九所云。旋看附属小学校，校中分第一、第二、第三部。第一、二两部为多级编制之寻常高等小学校，第三部为单级编制之寻常小学校。第一部寻常科之课目，曰修身，曰国语，曰算术，曰体操，曰图画，曰唱歌，曰裁缝。高等科之课目，则增入日本历史及地理与理科三项。第二部寻常科与第一部同，而省图画一项。高等科则全与第一部同。第三部之课目，与第一部寻常科同，而增入手工。生徒定额第一部二百四十人，第二部三百二十人，第三部六十人。其学级编制，第一部以一学年为一学级；第二部，编制第一、二学年合为一级，其他男女分各二学年为一学级；第三部为一学级。每周教授时数，寻常小学科为二十一点钟至二十八点钟，高等科为二十八点钟。三部修业年限，寻常科均四年，高等科则第一部二年，第二部四年云。继至高等女学校，该校以资研究女子高等教育，为本校生徒练习女子教育方法之处。生徒定员三百人，修业年限为五年。其学科目，为修身、国语、外国语（英）、历史、地理、数学、理科、图画、家事、裁缝、音乐、体操十二科。授业金每月二圆。更置专攻科，分第一、第二两部。第一部之学科目，为修身、家事、教育、国语、外国语（英）、数学、理科、体操八科（外国语亦可不习）。于前项科目中，得随志愿，增裁缝、手艺、习字、音乐、割烹三科目以内。第二部则于第一部诸学科中，省数学、理科，而增历史、地理二科，其随意科同第一部。凡选修前二部中各科内，六科目以上者，为选科生（但修身则为必修科）。其修业年限，凡三年。其生徒定额为百人，其授业费，每月二圆五角云。继至高等师范本科，此科所以养成师范学校及高等女学校教员，兼研究女子普通教育及幼儿保育方法。学科分文、理、技艺三科。文科之学科目，为伦理、教育学、国语、汉文、外国语、历史、地理、家事、体操九项。理科之学科目，为伦理、教育学、国语、外国语、地理、数学、化学、物理、博物、家事、图画、体操十二项（于前项科目中得随意增习字、音乐科）。技艺科之学科目，为伦理、教育学、国语、外国语、家事、习字、图画、体操八项。其修业年限为四年，生徒定额三百人，以卒师范学业及官立公立之高等女学校业，年十七以上、二十二以内者，为合格。又有专修科，分官费、私费二种。凡师范学校女子部及高等女学校教员缺乏时，特别立之。其学科目与修业年限、募集等事，由文部大臣临时定之。官费生须由地方官荐举，私费生由己上愿书求请。又有选科，系于文科中，选国语、汉文、历史、地理；于理科中，选地理、数学、物理、化学、博物；于技艺科中，选家事、习字、图画。诸项中，习一科目或数科目者，为选科生（但伦理、教育学则为必修科）。在学期为二年以上、四年以下，又有保姆练习科，以研究养成保姆为宗旨。其学科为修身、教育学、理科、图画、音乐。其修业年限为四年，以卒高等女学校业，年十七以上、三十以内者充之。其定额二十人云。午后，长冈子爵邀饮于华族会馆，为言宗教有害于教育。西人中耶稣教士及东人中之本愿寺僧，在中国设立学堂，均不宜优待云云。

十七日，因日曜日停校，故不能阅看学堂。至琳琅阁购得《梵唐千字文》（僧义净撰）、景宋本《三因方》、《祖庭事院》、《食医心镜》（唐昝殷撰）、景元本《儒门事亲》、景宋本《本事方后集》、《济生续方》、《唐六典》数种，并为中国难得之书。午后，河井君（仙郎）、日下部君（东作）来拜。两君为东邦雅士，研究汉学。日下部君书名久震，须眉甚伟。河井君赠《穗积亲王碑》，拓本甚嘉。日下部君赠精楮。共谈金石学，久许而去。河井君即赴西京，闻予将往，因订于西京再见之约。

十八日，至高等师范学校，该校校长为嘉纳君（治五郎）。此校以明治五年，就旧昌平学校遗址创设，称师范学校。十九年，改称高等师范学校，附属多级小学校二部，单级小学校一部（二十年所设），寻常中学校一所。先至单级小学校观览。此校用单级编制，生徒定员，寻常科七十人，高等科六十人。修业年限两科均四年。每周授业时数，在寻常科，二十二点钟至二十八点钟；高等科，男儿二十八点钟，女儿三十点钟。附属之小学校，虽供师范生习练教授之用，然必既授师范三年，至第四年，乃从事教授，至平时则另有正教员云。寻常小学科之教科目，为修身、国语、算术、体操、图画、唱歌、裁缝（专属女儿）七项，高等科增入日本历史、地理、理科三项。此校合四年级生徒，在一教室教之。闻德国间有合寻常、高等级并教者，日本尚无之。继至中学校，该校生徒定员三百五十人，编制十学级，修业年限为五年。其教科目，为伦理、国语及汉文、英语、历史、地理、数学、博物、物理及化学、法制及经济、图画、唱歌、体操。授业费，每月二圆云。午后三时，乃看高等师范本科。此校学科，分文理二部，文科又分教育及国语、汉文、英语、地理、历史四部，理科分理科、数学、博物学三部。其修业年限，各部四年。又有研究科、专修科、选科，其年限，研究科一年以下，选科二年以上、四年以下，专修科则临时定之。本校所以养成师范学校、中学校及高等女学校教员。此科因时晏，不及细观。本校内又附设教育博物馆，陈列教育用品，以供参考。其陈列分三部，第一部为家庭教育及幼稚园、小学校用具与其成绩品；第二部为物理学、数学、星学、地学、化学、动物学、生理学及植物学之教授用具、器械、标本、挂图等；第三部为实业教育用具及成绩品，图画、音乐教员参考书、杂志之类。设几案以供来观者阅看。闻每岁来观者及中学校、实业学校、专门学校生徒携书籍来对照实物者，至六七万人，其有裨于教育界甚巨云。

十九日，至东京府立师范学校。此校明治八年立，校长为陇泽菊太郎君。现在之校，乃三十二年改造，三年乃竣功，建筑闳大，布置极精密。建筑之费，二十八万六千余圆，常年经费，约五万四千圆。生徒四百余人，分本科、预备科、讲习科三部。讲习科、预备科修学年数均二年，本科为四年。预备科所以预为入本科地步，其学科目为修身、教育、国语、汉文、历史、地理、算术、理科、习字、图画、音乐、体操、英语十三项。本科不出学费，预备科则本生自出学资，而每月以官费补助三圆。若中途退学，则追还之云。

二十日，至高等工业学校。此校明治十四年文部省所创，初为东京职工学校，以后几经更改，二十三年改东京工业学校，三十四年改今名。中分二部，一本科，一工业教员养成所。校长手岛工学博士（精一）亲导观各处。先至本科，学术分六科：曰染织，曰窑业，曰应用化学，曰机械，曰电气，曰图案，学期为三年，每科皆有实修工场。本校内又附职工徒弟学校，授金工、木工两科，生徒学期亦三年。继至工业教员养成所，此校所以养成工业学校、徒弟学校及工业补习学校之校长及教员。教科分本科及速成科二者，本科分金工、木工、染织、窑业、应用化学、工业图案六科，速成科则分金工、木工、染色、机织、陶器、漆工六科。生徒每人补助学费六圆。本科学期凡三年，速成科则一年。本校有附属工业补习学校，乃三十二年所创设，分金工、木工二科，卒业年限二年，依学力得增减之。此校为工业教员养成所练习实际授业之处，兼以谋工业之进步。合观全校，规模闳大，全国工业导源于此，其教习皆工业家之著名者。手岛君为言工业关系国力之增长，贵国极宜振兴此事。若政府或疆臣愿创立学校时，本校愿选最高等之教师送往贵国。意甚殷挚。是日，文部省饬属官中村君为导，即校中卒业生也。

二十一日，回候日下部君（东作），出示所藏宋拓书谱序，刻本极精。后有"元祐二年河东薛氏模刻"十字，校之停云馆安氏诸刻，迥不相侔，洵至宝也。君之友三井氏拟刻之木，以广其传。又出示所藏唐人写经及神代古器、金环、石镞等，并言其内府藏宋拓东坡宸奎阁碑一，后附高宗御碑一、参寥碑一、范石湖诗碑一，乃圣一国师至宋赍来者，亦宇内有数之名迹也。日下部君又言日本收藏汉籍处，以足利文库为最，劝往观。且言该地去东京不远，由上野乘汽车，二三时可达。以事冗不果往，甚以为憾。晚至嘉纳君处，谈教科书编辑事，至十一点钟乃归。考日本全国每岁国用出入之款，以明治三十四年分考之，岁入二亿七千七百四十九万七千零零三圆，岁出二亿七千五百八十八万七千四百二十三圆。核之中国国用，据刘豁卿主政光绪会计表所载，光绪二十年岁入之数，仅八千一百零三万三千五百余两，岁出之数，仅八千零二十七万五千七百余两者，其数大相径庭。即加入洋债赔款及各省用费，亦不及日本甚远。然则中国今日欲振兴一切，非讲求财政，从何下手乎？日本地租，田地税百分之三三，街市宅地税百分之五，矿区每千坪岁税三角，千坪以下不征税。卖药印纸税，就药价征十分之一；造麦酒税，每石七圆，造他酒（清酒、浊酒之类，按含酒精之多寡为税之重轻），则每石自十五圆（清酒、浊酒含酒精二十度以下者）至十六圆（含酒精四十五度以下之烧酎）。日本递信省每岁出航海业奖励费，由国家助金，以诱航海业之发达。明治三十一年，所费至二百五十八万零八百零二圆，其奖诱航业，可谓至矣。商力日益开拓，有以也。考中国度量衡与日本对照之数，中国一尺当日本一尺一分一毛，中国一里当日本五町六间，中国一斗当日本四升二合五勺二杪（此疑有误。因中国斗制各处小异，恐比较偶差也），中国一钱当日本一两八毛，一斤当日本一百六十一两二分八厘。

二十二日，中村君导观私立女子职业学校。此校乃明治十九年服部一三等合同志者所创，至今卒业生至一千一百七十六人。明治二十一年，文部大臣森有礼以学生制品呈皇后御览，蒙赏金奖励之。其学科分裁缝、刺绣、编物、造花、图画、割烹六科，每习一科，二年而卒业，兼习二科，则三年卒业。有成绩品陈列处，皆精妙绝伦。其剪彩为花，尤精极，与天然者骤不能别。此校制品，输出海外者日增，大为西人所重。其得价半以酬制品者，半充本校之经费，今日见进步云。考日本农产之大宗，曰米，曰麦，曰大小豆，曰稗，曰黍，曰荞麦，曰甘薯，曰马铃薯，曰棉，曰大麻，曰蓝，曰烟草，曰桑，曰茶，曰蔬。其米、麦产额，以明治三十三年考之，计米四千一百四十六万五千石，麦二千零三十八万六千石（日量）。其价值，米每石约十圆余，大麦每石四圆余，小麦每石七圆余（明治三十二年价）。日本蚕丝业年盛一年，为其输出品一大宗。三十二年所产之丝，一百七十五万四千二百四十二贯。其织物之进步尤速，三十二年一年中，织物所得价值至一亿七千四百九十六万七千八百五十五圆。日本森林，分国有、民有二者。明治三十三年一年中，国有林野收入之数为一百三十五万七千八百八十四圆。若中国官山悉种植，数十年之后，其利可胜计哉？

二十三日，回候小村君（俊三郎），谈久许。于书肆中购得宋闻人《耆年备急灸法》，内载妇人难生，宜灸右脚小指尖三炷；如妇人扎脚，则先以盐汤洗脚令温，气脉通疏，然后灸之云云。据此，则宋代妇人尚非人人缠足可知。考日本婚姻之制，大约男子三十而娶，女子二十而嫁，但离婚者多，故夫妇之道颇苦。核其统计报告，明治三十二年间结婚之数，凡男女二十九万七千一百一十七偶，而是年中离婚者，男女六万六千四百一十七偶。又其国苟合生子之数亦不少，就明治三十一年考之，其公生男女各六十余万人，而私生之数，男女各五万余人。此皆其风俗缺陷之处。日本人家及客邸多用女奴，中国人多以为诧，窃谓是中国古制也。汉王君公以通官婢去官，唐人诗"春风侍女护朝衣"，知唐以前官寺亦用女奴，不知何时此制乃废耳。

二十四日，日下部君赠所书《论书绝句》刻本一册，写作俱精。考日本监狱之制，在监人作业，每年收入六十万内外，以三分之一给作力者，其二分则充公费。其作业之种类，曰春米，曰瓦工，曰木工，曰炼化石工，曰石工，曰碎石，曰锻冶，曰绞油，曰耕耘，曰锯木，曰造纸，曰桶工，曰稿工，曰炊事，曰扫除，曰开垦，曰采矿，曰搬运，曰纺绩，曰机织，曰裁缝，曰洗濯。此事颇与中国古者鬼薪、城旦之制有合。既以惩罪，亦以兴利，此最宜效法者也。

二十五日，回候古城君（贞吉）于日日新闻社，不值。晚至嘉纳君处谈教育行政事，至亥初乃归。今日闻客言，日人某君为盲哑学校教习，其生子一盲一哑，观念之感应如此，亦异闻也。读教育史，考教育学为独立之学科，盖始于德国之心理学大家海尔巴脱及贝乃楷。德国大学本之，而专教此学，继而英格兰大学仿之，此欧洲教育学为专门之权舆。教育普及之说，始发明于瑞士教育家柏析他罗其氏，其言曰：教育者，非为某一阶级之人而设，为一切人民而施者也。专著书明此意，于是普鲁士仿之。诸教育家佥谓图自强、维国粹，非教育一切人民增长其智不可，此教育普及说之始基。今则真理日明，其说遍世界矣。盲人教育，始于德国，一千七百八十三年至一千八百零八年，遂遍及全国。哑人教育，始于谐尾开，至一千八百十八年以后乃大盛。废人教育（谓身体不全及有痴疾者），始于瑞士人顾孔必由，于一千八百四十一年顷始专立学校，翌年柏林哑人学校长冉爱格特仿行之，以后遂日普及矣。贫人及罪人学校，为反连拜耳玺所创，时在一千八百零四年之顷，设学校于威耳阿甫，收养贫儿及罪人，课以耕作及手工，兼教宗教、读书、习字、算术等，此为贫儿罪人教育之嚆矢。幼稚园之滥觞，实启于保儿院。保儿院者，一千七百八十年顷奥柏灵氏创之，代保农工佣力者之婴孩。已而英法仿之，一千八百二十八年之顷，德又仿之。一千八百四十一年，有腓立哀白者，本此义以立幼稚园。其宗旨，在健小儿之身体，练其官能，厉其精神，导其性情，以立他日生计之始基，以补家庭教育之不足。后惑于他说禁之，至一千八百六十年乃施禁，嗣政府于国民学校亦附设之。于是日渐推广，英法诸国争效法，世界各国靡弗设之矣。

二十六日，至书肆购书，得林希逸《列子鬳斋口义》（此书中土甚少）等数种，森氏立之藏书也。考日本海军，立镇守府五所，横须贺第一，吴第二，佐世保第三，舞鹤第四，室阑第五。军舰之数计百有三（甲午以前，东洋兵舰仅三十艘，排水吨数五千七百七十吨。今舰数遽增数倍，排水吨数今亦增至二万六千二百八十五吨矣）。海军现役军人二万八千三百零八人，预备军人二千九百九十五人，后备军人一千六百七十八人。其职，有事时防海攻敌、护送陆军，无事时保护海外商民及国内渔猎人等，并测量海湾，警卫沿海，凡海崖及岛地悉管理之。陆军则分近卫兵、戍兵二种，近卫兵拱卫皇室，戍兵保卫全国。近卫师团分驻东京，戍兵立十二师团，分驻内国要地。全国男子悉服兵役，分常备、后备、补充、国民四种，更分常备为现役、预备二种。现役三年，预备役四年零四月，后备役五年。陆军兵人分五类，曰步兵，曰炮兵，曰骑兵，曰工兵，曰辎重兵。日本赤十字社规模甚宏大，近年社员已至五十七万，此其国家文明之一大征证也。案之中国古代，似已有此制。《司马法》曰："敌者伤之，医药归之。"又宋襄公言："君子不重伤，不擒二毛，不鼓不成列。"（此必《司马法》中语，襄公引之耳。古人引书多不明著出典。襄公非仁者，观其平生至以人为牺牲，安能为尔许语乎？）此均古代亦有救护军人一视同仁之据。彼执俘献之制，殆出之三代末季也。著之以质之历史家。

二十七日，至文部省，拜普通学部局长泽柳君，谈教育事。泽柳君言中国小学教育，以读书为最难。缘汉文太多，小儿识字颇苦，必创为切音字，以谋教育之普及乃便。但切音字用之初等教育较易行，若高等则仍用汉字可也。予叩以近日东人多倡废汉字之说，能实行乎？泽柳君言国人因识汉字颇苦，故为此说，然颇不易。从前文部省订初等教育须用汉字三千，后省至二千，今省至一千二百。然若全废，实未易易。因废去汉字而以假名代之，则一切法令著作，皆须全行改用假名乃可，殊未易易。且汉字已经用千余年，决难一旦废去也云云。泽柳君又赠文部省年报及明治五年所订学制各一册。考日本银行之最大者，曰日本银行，资本三千万圆。次之者正金银行，资本一千二百万圆。又全国中农工银行凡四十五所，资本共一千五百九十八万圆。普通银行一千五百二十六所，资本共二亿零七百五十六万五千圆。贮蓄银行五百三十一所，资本共一千九百九十七万九千圆（明治三十二年数）。案银行为国家财政及实业发达之根本，中国欲整财政、兴实业，非从银行下手不可。但欲使富户各出资财，流通市面，又非国家先出内帑金以为民倡，并妥订银行规则不可。此事关系甚大，政府亟宜起而图之，不能再缓矣。

二十八日，与堺君看农科大学。学分四部，曰农学科，曰农艺化学科，曰兽医科，曰林学科。先至兽医科标本室，罗列种种标本，中有毛球，乃得之牛胃中者。又有圆石，云得自马肠中者，此疑中国所谓马宝矣。继至林学科标本林，列植各国树木，松之种类最多。美国之松毛最长，至一尺许。已而至农艺化学科，有德国教师出示玻璃瓶水中试植之麦数种，各瓶水中养分不一，故麦之肥瘠有差。已至农学实习场，观诸生实习。阅毕，至校长室午餐。校中规模闳大，本科之外，有教员养成所，以养成农业补习学校教员，修业为一年，以诸生之卒师范学校中学校业者充之，不征收授业费，每月且补助金六圆，凡师范各科皆然也。晚饮日本教育家嘉纳（治五郎）、长冈（护美）、伊泽（修二）诸君于帝国旅馆。日本从事农作者之工价日渐加增，就现在之数考之，耕作佣男子每日工价二角七分五厘，养蚕男工价每日二角九分五厘（女工价较减），缫丝女工每日工价一角九分七厘，制茶男工每日三角九分六厘，渔夫每日工价三角三分七厘，工厂人夫之工值则倍于农，或再倍之。今中国佣力之值甚贱，若处处兴农工业，其利更薄于日本矣。

二十九日，同小村君（俊三郎）拜杉浦君（重纲）于日本中学校。杉浦君为日本民间教育大家。以前日本民间教育家为福泽、杉浦二派，福泽主实用，杉浦主道德。杉浦君气象温厚，望而知为有德之士，现为日本中学校校长。本校初为东京英语学校，明治二十五年改称今名，修业年限五年。本文部省令寻常中学校学科程度，入校金一圆，授业费每月一圆二角至一圆五角。其布置井井，为私立学校中最整善者。坐有汤原君，任某县视学官，出所著教育书见赠。杉浦君并为置馔，殷勤可感，以有他事谢之。座谈甚匆匆，闻杉浦君行将至上海，为同文书院校长，异日当与畅谈教育各务，以弥今日之憾。晚与嘉纳君谈教育事，至十一点钟。

壬寅元旦，诣公使及同人处贺岁。午后看伊泽君，谈久许。

初二日，伊泽君介东京刷印株式会社社员斋藤、木户两氏来拜，导观刷印工厂。先至深川支厂，规模甚阔大，计铅印部、石印部、造字模部、造铅字部、铜板制图部、写真制图部。周览一过，工作四五百人。此社尚有本厂在京市。当社员导予等至写真室，特留予一影相，以为异日纪念。又赠写真画数帧，并约至日本桥偕乐园晚饮，意甚殷拳。按印刷一事，与国家之文明有大关系。观日本印刷之精妙，即日本文明进步之明征矣。斋藤君为言，初日本人得活版术于上海之美国商人，既归长崎，于学堂教业之暇，兼课排字刷印之事。此事在明治初纪，今则技术日精，几不让欧美矣。予考中国活字，原用木刻，毛子晋刻《津逮秘书》，实是用活字。儿时读《毛诗陆疏广要》，见其中有横植之字，始悟毛氏刻书原是活版，特排印精工，与刻板骤不能别耳。又近日欧美工业家以石膏为一切雕刻等物模型，中国亦自古已然。予尝得汉高祖榆荚半两钱范，似石非石，细考之，知确为石膏。而中国古泉学家有藏齐货石范者，知亦是石膏所为，是三代时已然，即此可见中国文明开化之早矣。以语二君，二君亦谓然。饮毕已八点钟，冒风雪而归。是日，蔡公使饮中国留学生于富士见饭馆，籍之得二百七十余人。考日本统计表，我邦在东人数凡二千四百余人（前年之数），是学生居十分之一有奇矣。

初三日，检点行装，至公使馆辞行。午后，中东诸友相送至新桥火车栈。六点十分钟，乘急行车赴西京，并预发电至西京友人河井君（仙郎）。前者与河井君别时，相期于京都车栈相迓，为照料一切也。

初四日，午前九点十分钟抵京都，河井君已在火车栈相迓。至柊家客寓，小村君（俊三郎）奉外部之命，同行为介，看京都、奈良等处学堂。早膳后，拜视学官田中君。田中君谓本日为国祭日，不能看学校，因由河井君导看疏水。疏水者，导琵琶湖水，洞三山、逾高地而溉田，凡长十余里。其高地两水断绝处，用电力引铁索，曳舟遵陆而上，由此水达彼水，如中国之过坝然，往来不绝。闻初倡此议者，为西京府知事某君，当时嘲谤交腾，及渠成而利大兴。今农民拟铸金为某君像，以为纪念。凡民可与乐成，难与图始，中外古今一辙矣。归途过神社，见神官行祝祭礼，衣冠奇异。东人好神佛，通国人家门首，多有木札，上书临济宗、曹洞宗、真宗等字样。而男子之老者，多取名某某居士，女子之老者，多取名某某尼，古俗之难废如此。晚间，藤田君（源之助）来，吾友剑峰学士之兄，现为第三高等小学校教习。前次火车过西京时即在西京相迓，兹再来见，与畅谈一切，并以风景写真为赠，情殊可感。西京博物院有西魏陶什虎写《菩萨处胎经》，为世界奇迹。因是日为其国祭日，不得往观为怅。

初五日，九点钟，田中君遣郡视学盐崎君来，导观各学校。先至高等女学校。校中置四科，曰本科，曰补习，曰专攻，曰裁缝。本科修业年限为五年，补习科一年，专攻科二年，裁缝科三年。本科学科目，为修身、国语、英语、历史、地理、数学、理科、图画、家事、裁缝、音乐、体操十二项，补习科则省历史、地理、理科，而增手艺、教育，专攻科限国语汉文及家事裁缝二项。其国语汉文之学科，为修身、教育、历史、国语、汉文、体撰六项。又习字、图画、音乐三者，为随意科。其家事裁缝科之学科，为修身、裁缝、国语、数学、家事、音乐、体操七项。又图画一项，为随意科。其授业费，本科及补习科，管内生每年十五圆，管外生十八圆（本科生有愿习手工者，则授业费每月增银三角），专攻科每年二十圆。裁缝科，管内生每年十二圆，管外生十五圆。此学校甚整齐，更优于东京。阅毕，至第一高等小学校。该校生徒千人，计教室二十又五，有书籍室，有标本室，有理科室，有植物园，有习礼室，规模甚完备。午后至染织学校，此校专教染色及机织，从事于实验，分本科、预科，预科所以为本科之预备。本科三年卒业，预科二年卒业。本科之学科目十有五，曰修身、曰读书作文，曰数学，曰物理，曰化学，曰分析，曰图画，曰机械制图，曰染色配色法，曰机织法，曰花样，曰英语，曰簿记及理财，曰实习，曰体操。预备之学科目十有一，曰修身，曰读书，曰算术，曰作文，曰习字，曰地理，曰历史，曰图画，曰理科，曰英语，曰体操。更有别科，以教已从事染色机业一年以上之子弟，其卒业期为一年。其学科目凡七项，曰读书，曰算术，曰理科，曰染色法，曰机织法，曰花样，曰实习。预科之学生限年十二岁以上，本科则十四岁以上，别科则为十五岁以上。各科皆不收授业费，仅收食宿费，每月六圆至七圆，书籍及杂用一圆，衣服等二圆。阅毕，至制品陈列所，购得布三端，丝巾一枚。凡工业诸学校制品，观者例得购买也。又至美术工艺学校。此校创于明治十三年，初为画学校，二十四年改称美术学校，于绘画科外，增工艺图业科。二十七年，增雕刻及瓷器绘画科，而改称美术工艺学校。翌年，增漆工科（分莳绘、髹漆二部）。今计学科四，曰绘画，曰图案，曰雕刻，曰描金。每科修业年限为四年。本科生卒业后，得更留学三年，专攻实技，为专攻科。校中计校长一人，正教员九人，助教五人，书记二人，助手五人，技师一人，技手二人。午后三时归寓，藤田君约至祇园中村楼小饮，地颇精雅，坐客为第三高等小学校长的场君及刘生大猷与予三人而已。

初六日，至第三高等小学校。校长的场君导观各教室，纵览一周。该校略同第一高等学校，生徒凡八百人。看毕，的场君送予等至车站，郑重而别。河井、藤田两君送予同至奈良，意殷拳可感。到奈良，主对山楼旅馆。本日县知事他出，且时已稍迟，不得观学校。因与小村、河井、藤田诸君入市游览。风景幽绝，不数吾乡西子湖矣。先至博物馆，其中古佛像最多，有唐招提寺榜，字劲挺似二王书，乃其国孝谦天皇笔也。又有筚篥，为长六七寸之管，上髹以漆，上有七孔，状略如箫，狭上而修下。此物中国久无有，乃于此见之。其他古物甚多，又有古写经数本，并精绝。既出院，至春日神社。沿途驯鹿极多，买饼饵饲之，则相随不去。相传此鹿自唐代孳生，至今多至七八百头，人不之害，故亦不畏人。道傍石灯台，多至千余。至神社前，东人皆脱帽为敬。出社过小市，购唐招提寺残瓦一枚，千年物也，文字颇清劲。

初七日，县视学清水君（笃太郎）来导观各学校。先至师范学校。该校本科生徒一百六十人，其规制略与东京府立师范学校同，别有简易科，生徒八十人，学期为三年。校中校长一人，教员九人，助教三人。又有小学校教员讲习科，分甲乙二种。甲种习小学校教科全部，其讲习期为六月以上、一年以下。乙种习小学校教科之一科或数科，其讲习期为二阅月以内。甲种讲习员毕业后，于管内修师范职五年，乙种则于町村内修职五年。其讲习之学科程度及人员资格等，于一月前宣示。按师范讲习科为速成师范起见，此与中国今日颇宜，当师其意，先创立之，以济目前之急。特该科无详细学科条目，为可惜耳。既至高等女学校，校中分为本科、技艺专修科及补习科三者。其修业年限，本科四年，技艺专修科三年，补习科一年。本科之教科目，曰修身、国语、历史、地理、数学、理科、家事、裁缝、习字、图画、音乐、体操十二项，更加外国语、教育、汉文三项为随意科（但有愿充小学教员者，则教育汉文为必修科）。技艺专修科则为修身、国语、裁缝、算术、家事、习字、图画、音乐、体操九科，补习科则选习前列学科中修身、国语、裁缝等之一科或数科。本校生徒四百人。授业费，在管内者每月七角五分，在管外者每月一圆。已至济美寻常小学校，校长森泽孝行君导观各处。此校乃私立，规模略小，而管理尤整齐，不异官立者，令人赞叹不置。阅毕返寓午饭，饭毕乘火车至大阪，寓北川旅馆。

初八日，晨由大阪发神户。河井、小村两君，送予登博爱丸而别。是日风静，波平如砥，身体大适。

初九日，读《女子教育论》竟。此书载美国女子教育，为世界第一，师范生大半为女子。又言女子者国氏之母，其语尤精切。今日中国教育初造基，女子教育，人多忽视，然实不可缓，是宜亟图也。是日风雨大作，舟极颠簸，夜抵长崎。

初十日，晨兴登岸，持吉田农学士（永二郎）介绍书，至长崎农事试验场。场长适他出，由事务员导观各处。时正试植大小麦，分畦列表，部署井井。并观柑橘园及暖房、分析室等处，赠试验成绩报告及养蚕讲话、昆虫讲话笔记数种。返舟风大，体甚不适，卧半日。

十一日，舟中遇日本陆军大尉小岛君（米三郎），此君就鄂督之聘至湖北者。与之接谈，叩以陆军留学生学业。小岛君言，贵国诸生，因未修普通学，而留学只三年，骤归可惜，若期满再留学一、二年，当可用。其言甚确，归国后当为南皮、新宁两宫保言之。

十二日，午刻抵上海。藤田学士（丰八）及田宫教习，已在船埠相待，儿子福成、福苌亦来接。饬仆辈检点行李，一点钟乃抵沪寓。

五十日梦痕录

予自辛亥冬携家浮海，瞬逾三岁。朝市既非，松楸日远，故国之思，时形归梦。去年春返国，拟展视先人垄舍，比至沪上，以漕渠水浅道阻而止，乃以今春复归祭扫。又以平生诵习孔子，今发垂白矣，尚未得一瞻阙里；频年考究殷虚遗文，而足迹亦未尝至洹曲，乃于展墓后至曲阜，展谒至圣林庙，复涉洹、济、洛，吊殷虚，登龙门，仍遵海而返东山寓庐。此行殊匆促，往返仅仅五十余日间。比长夏忽已过半，盖返海外寓庐者，又两月矣！追思此行，山川亲故曾历历在目中，而倏焉已失，固不异往昔之归梦也，因述此五十余日中之闻见为《梦痕录》。岁在乙卯六月十有八日，仇亭老民记。

春二月二十四日，携儿子福成归国祭扫先垄。是日下午，乘汽车赴神户，寓西村旅馆。

二十五日辰刻，登春日丸，巳刻开行。舟中校补《殷虚书契考释·卜辞篇》。

二十六日，巳初舟入门司港，午后出港。骤热且雨风急，舟甚颠簸，幸眠食尚如常。

二十七日，风雨益甚，舟益不稳，早餐后乃偃卧。酉刻雾作。起坐二时许，复卧。

二十八日，晴霁，午初入吴淞口。比登岸，巳未正矣。主白尔路妇弟范纬君家。

二十九日，晨起，访沈子培方伯（曾植）。距去年相见时，已匝岁矣。予以岁首得方伯手书，言近多食嗜卧，记忆尽失，欲将平生文字作一结束，予深为忧之。既相见，则健谈如昔，为之差慰。予前请将诗稿先付手民，答书谓当录本见寄，但三年羁旅，和韵居多，庞参军、殷晋安触目皆是，未免有惭晛发耳。至是复申前请，且告以此自有泉明先例在，方伯乃笑而许之。方伯学行巍然，为海内大师，长于予十余年，与予订交在光绪戊戌，屈指十有八年矣。宣统庚戌，以时事日非，挂冠誓墓。辛亥以来，侨居沪上，冰霜之节，岁寒弥厉。读书以外，惟与竺典相伴。予避居海外，踪迹不得合并，今再见无恙，忻慨交集，不觉长谈抵暮。予与王静安徵君（国维）交亦十有八年，君博学强识，并世所稀，品行峻洁，如芳兰贞石，令人久敬不衰。前返里过沪，初与方伯相见。方伯为予言，君与静安海外共朝夕赏析之乐，可忘浊乱。指案上静安所撰《简牍检署考》，曰：即此戋戋小册，亦岂今世学者所能为？因评骘静安新著，谓如《释币》及考地理诸作，并可信今传后，毫无遗憾；推挹甚至。老辈虚衷乐善，至可钦也！予问方伯，沪上为四方人士所辐凑，所识潜学未彰之士几何？方伯对以有吴人孙君名德谦者，尔雅能文章。予曾于杨子勤太守《石桥诗话》中读孙君序，雅驯有法度，洒然异之。今方伯亦云然，与予意正同，惜行程匆迫，不获与孙君一见也。

三月朔，上午培老来谈，并约至古渝轩午餐，坐客为李梅庵方伯（瑞清）。午餐后同至李君博生（翊煌）寓舍，观所藏宋拓《淳化阁帖》残本三册，后有宋人王淮跋，并有"中书省"、"门下省"、"尚书省"三官印。又观王弇州藏本宋拓《大观帖》三册，均极精。又见所藏文湖州山水卷，后有山谷老人跋，画法从巨然出，极佳。李君为春湖先生后人，初以京曹改外秩，国变后寓沪上，以医术自给，可谓不愧门第者矣。是日又闻王聘三方伯（乃征）、胡枢堂侍御（思敬）近并在沪上，隐于黄冠，皆予旧识也。予曩岁视学西江，王方伯方守南康，署斋寥寂如僧舍，约予游匡阜，以雨不果。方伯为言官时有直声，枢堂侍御往在谏垣，亦以悻直不容于金壬，乞养归，予曾作诗送其行。今均遁迹江湖，恨不得与之握手，一话沧桑也。是日，遣儿子至苏接程氏女及外孙家菲至沪。程氏女早孀，所遇至苦，灯下相对，惨然不欢。

初二日夜子初，乘火车赴京口，车中不得眠。

初三日，晨抵京口，易小轮船赴淮安。轮船左右小舟麇集，皆山左避青岛兵祸及被水灾穷民也。皆携家聚一小舟中，人与以铜币，一顷刻至千余。有已与而更强索者，理喻之，辄詈骂不已，舟行乃免。京口为赴淮安所必经，往年在沪，一岁或四、五归，未尝见此。今民生日益凋弊，民德亦日益丧，释氏所谓"地狱"、"饿鬼"、"畜生"诸景象，一时乃毕现于吾目中，可哀也！是夜雨甚，停轮数时，昧爽乃复前进。

初四日夜子正，舟抵淮安西门外。关门下键已久，乃呼门入。抵城南老屋，则已丑初矣。

初五日，晨兴，则姊夫何益三孝廉（福谦）、妹夫范湘谷文学（云）诸君已在厅事。去岁益三东游，主予家逾月，今将一岁。湘谷则八年不相见，须发斑矣。年已四十有九，屡丧偶，膝下仅一女，茕茕可念，无以慰之。湘谷为予外王父咏春先生（以煦）之孙。咏春先生藏书多善本，甲于一郡。所著《淮堧小记》《淮流一勺》《楚州石柱题名考》，皆言淮故，均至精密。其他遗著多未就，予生晚不及见。儿时曾见手稿数十册，每册或手书十余页，多者二三十页，皆随笔疏记者。中一册记崔立事，蝇头细书至五六页，其博览可知。先生受知于祁文端公，尝见文端与先生手札至多，以先生拟何愿船、张石州。今何、张名满天下，而先生名不出于乡里，士之遇不遇，相悬有如是哉！当涂马鹤船（寿龄）曾为先生撰墓铭，其稿本先太淑人藏之箧衍者四十年，欲待湘谷长而付之，今尚在予家。因告湘谷，可刻之《淮堧小记》之端。然马氏所撰墓志，于先生学术实未能阐发，异日当别作一传以章潜德。早谒姑母何宜人及李氏妹。何氏姑今年七十七矣，去岁卧病，数月不能兴，因就卧榻见之。姑勤俭有淑德，姑丈竺卿广文（其厚）中寿弃世，姑中年得二子，长子子枢文学（福辰）尤贤且才，乃先后丧。今抚两孤孙，遭际至酷，历更百苦，故每见，辄汍澜。今值国变，且卧病，念予甚切，相持悲恸不已。予无以相慰，为之肠痛。其长孙楚侯已授室，彬彬有故家子弟风，此则差可慰者也。李氏妹亦数年不见，有孙男、女各一矣。境遇至艰，辛苦枝持，垂二十年。予同母女兄弟六人，今仅存此妹，所遇又如此，愧无以助之。又见汪氏妹遗男二人，曩别尚幼，今均长大矣。

初六日，雨，至南郊外五里松扫先伯兄及予首妻范淑人墓。坟盘颇塌卸，墓柏亦遭攀折，枝柯不茂。闻是革命时取以扎绿门，故近郭冢树多被摧折，而予家尤甚。呜呼！辛亥之变，不止倾危朝社，毒流苍生，且祸及墟墓矣！岂不痛哉！因戒守墓者重修坟盘，约期往复看。归途过龙光阁东北，展视幼妹墓。妹幼端孝如成人，以光绪乙未冬卒，年甫十六。先太淑人时患沉疴，妹侍疾三阅月，昕夕不懈，以劳瘁染疫。太淑人幸无恙，而妹竟夭折，今且二十年矣，伤哉！午后谒叔母方宜人，年已七十，视听不衰。见从姊妹则转斑白，有老态，有不能相识者。则予之须髯斑白，固其宜矣！

初七日，扫先王父通议公、王母方太淑人暨先考通议公、先妣范太淑人墓。墓地在西黄庄，距城七十里。黎明乘舆往，抵夜乃入城。垄树完好，未得省视者八年矣。今海外归来，世事已非，展拜之余，曷胜呜咽？归途过田家湾，展何氏姊墓。

初八日，雨，吊范弁英先生丧。先生为先太淑人叔父，今年政八十，无疾而逝。予三十以前所遇至穷，备承慈庇卵翼之德，没齿不能忘。今归来则德音已渺，展拜之余，感痛交集。午后诣朋旧答谒。三十年前旧交大半不存，其存者仅仁和姚又巢丈（琛）及其嗣君镜芙茂才（兆）、章邱章君庸夫（杰焰）等三数人耳。剪烛话旧，有如隔世。

初九日，前岁为先太淑人十周忌年，今岁为先大夫十周忌年，去岁为范淑人五十冥寿，爰延僧于三界寺补诵经一日。是日，衣冠肃客至夜分。宋以来儒者，每以不延僧诵经为有家法，甚至谓诵经所以忏悔，是认其先人为有罪也。此说予不谓然。古者遇祭日致斋致思，今之诵经，亦致斋致思，追远不忘之意也。且鬼神有无之说，在今日虽尚为疑问，而圣人则言之已明。一则曰："祭如在，祭神如神在。"再则曰："视之而弗见，听之而弗闻，体物而不可遗。"夫曰"如在"，曰"弗见弗闻"，其非确谓有鬼神可知。而又曰"体物而不可遗"者，物者，事也，谓征之人事而不可忽忘也。盖鬼神之有无，于人子之心断之，使人子而有追远之念者，则无鬼神之说，非所忍言也。礼家言夏人用鬼器，商人用人器，周人兼用之，所以使民疑也。疑也者，"如在"之旨也。今之诵经，必致祭奠，所以用人道也。诵经，则鬼道也。与周人兼用之意、圣人追远之旨，未尝悖也。故予不以禁延僧诵经为家法。二十年来，吾国人非薄宗教太甚，此亦非人类之福。古圣人所以宰制天下者，道德与刑法。二者以道德立其本，以刑法齐其末，俾相辅而相成。然顽梗不化之徒出于道德，即入于刑法。夫箪食豆羹得之则生，弗得则死，于斯时也，父不能保其子，君不得有其民，必欲使蚩蚩之氓顾义而怀刑，势有所甚难矣。予尝谓人生最悲痛之境，莫过于希望断绝。为希望断绝之人而造出希望，使有所顾忌、有所忻慕者，则舍宗教家之天堂、地狱、轮回、果报之说，末由也。故宗教者，实可济道德、刑法之穷，而收互助之益，于中人以下化导之力为尤。宏彼世之非、薄宗教而必欲摧陷之者，果能知宗教之微旨与其功用否耶？

初十日，晨出东门，至黄土桥展汪氏妹墓。返城后，诣戚友致谢。

十一日，约范湘谷妹丈出南门，渡漕河，至常庄展范氏舅及范氏妹墓。午后赴河下，答拜王研孙太史（鸿翔）。前日来拜，予外出未得见也。太史与予有姻好，国变以后忍饥闭户，拟卖字作画以赡其生。予为订润格，并作小启云：研孙太史以木天之隽望，际桑海之余生，管床既穿，陶粟屡空，爰乞灵于管城，代采薇于孤竹云云。太史为道三年中近事，相对惟有嗟叹，谈至薄暮。入城纡道至五里松，复看坟盘。

十二日，启行返沪，亲友多留行者。予八年未归，乡思至切。此次与姻旧沧桑再见，相聚欢甚，日以酒食相劳。除初九日蔬食斋戒以外，殆无日无饮食之事，情殊可感。但以骨肉凋谢，与夫民生之憔悴，闻见之日非，则又去之惟恐不速，乃婉谢焉。午诣船步，戚友均来送，情绪黯然。至申初，小轮船乃发，夜间发热咳嗽，喑不能语。予邻旧多老寿，有至八九十者，惟贫窭日甚，鹑衣百结，日或不得一饱，至可闵念。因留三万钱托李氏妹，分给之。

十三日，午间抵京口，乘汽车，暮抵沪。

十四日，翁印若太守（绶祺）来。印若为吴愙斋中丞门生，曩予在沪，印若方设寄观阁古玩铺于泥城桥，故为十余年前旧识。叩以愙斋遗著未成者，云有一种在王胜之（同愈）许，不能举其名。问所藏存否？对以遗物尚十余箱，其嗣孙某尚能世守云。夕，静安偕樊君抗父（炳清）来。静安与予有同游鲁卫之约，先予返乡祭扫，约在沪相会，今到此已数日，主抗父寓中。谈至夜分乃散。是日，得陈松山给谏（田）消息于抗父。抗父言国变后，给谏不能归其贵阳故里，有弟商于常德，乃往依焉。鬻所藏书，始得成行。给谏博雅如乾嘉朝士，在谏院抗直不阿附，为权贵所侧目。庚辛间，累疏劾庆亲王奕劻误国之罪，誓必得请乃已。而国步潜移，所志未遂。又曩岁议京曹官津贴时，北洋大臣某欲以某官款为言官津贴，实欲贿买以杜口。给谏抗议，力持不可而止。其大节凛凛，有古人风。予交给谏最晚，每见谈必移晷，语及时局，义形于色。贫无以自给，乱后售其所藏明人集数百种，乃其作《明诗记事》时辛苦搜集。都中无购者，乃归日本文求堂书肆，予亟斥他物购得之。倘给谏闻之，当以得归故人为喜矣。给谏介弟衡山大令曾刻影宋小字本《文中子》，其雕板旧在都中。予曾从给谏借印，给谏许之，乃以乱作未果。不知今尚在行箧否？

十五日，避风未出门。静安来谈，云病目已数日。请其加意调摄，俾不至游辙中阻。灯下校补《殷虚书契卜辞篇》竟。

十六日，命儿子先返东寓，乘春日丸行。沪上近年盗贼横行，白昼杀人劫夺，日有所闻。前月静安命仆赴市以钞易钱，为人力车夫所劫。于时则上午，于地则通衢也。抗父赴越，中返沪，晨雇人力车，亦遭探囊夺金。予往居沪上且十年，未尝有此闻。革命之际，某绅主沪南制造局，凡有肘系白布者，皆得到局领铳，于是浦东匪徒人人有利器。又某国小商于商埠密售短铳，于是租界宵小亦人人有杀人之具，沪上侨民乃不得安枕矣。

十七日，外感渐退，往看静安，则目疾又加剧，已至西医处诊视。予乃拟只身为访古之游，属静安加意将息，俟予由豫返沪，再连东渡。西医言病势甚猛，予不能放怀，爰缓行期数日以待之。午间，梅庵来谈一时许，为予言辛亥之乱，南京王统领（有宏）死难事。云革命军初攻围督署，时高揭革命旗，声势汹汹。王君时领卫队，闻变，徒手出夺乱党铳，先仆革命旗。又连发毙数人，围立解。后以所部兵士至少，卒以战死。梅庵谓王君人颇粗率，而忠勇敢战，口操北方语，惜不得其乡贯。予属梅庵访询，拟为一文以表彰之。又闻关中变作时，渭南令杨公（调元）殉国。乡绅有武进士韩君（有书）者，练乡兵与革军战，戮党首张士原而葬杨公。后革军麇至，韩力战死之。又吾浙革军既焚官寺、囚抚臣，有抚军卫队管带赵君（千阶），直隶人，与其犹子卫兵赵锦标忿甚，各怀利刃，谋刺党魁某，未发谋泄，慷慨就死。呜呼，时至辛亥，人伦之道尽矣。幸尚有挽两石弓者，略存纲常于一线。若王若韩若赵诸君子者，予将铸金办香以事之。午后，访子培方伯，以返嘉禾祭扫，未得见。

十八日，晨诣抗父处，看静安，目疾势又稍进，为之焦灼。午诣缪艺风姻丈（荃孙），丈闻予将编《西陲石刻续录》，以叶学使（昌炽）所藏甘肃及新疆诸碑墨本见假，谊殊可感。午后张君菊生（元济）来谈，并约观涵芬楼藏书，期以二十一日午前往。

十九日，看静安，目疾仍未见减。至梅庵处答拜。

二十日，送程氏女返吴门。得培老手札，言已自嘉禾返棹，因订以明日下午往谈。晚，诣刘婿季缨。季缨出其尊人所藏殷虚龟骨相示，选得一"义"字，因弄之行箧，以补曩藏之阙。

二十一日，晨，看静安目疾虽未减，然势不至增进，乃定以二十三日启行。午间至涵芬楼看书，佳本不少，而宋椠《通鉴考异》尤佳。又有洪武本译《回回星命书》，藏书家所未有也。下午诣培老处，谈至暮。予欲撰段茂堂、程易畴、汪容甫、王怀祖、王伯申诸先生年谱，从艺风丈借得汪孟慈所撰《容甫先生年谱、年表》，杂乱无法，不得纲要，因移录一册，以供采择。又从培老假得王文简行状，乃桐城萧君敬孚（穆）所藏。敬老身后遗书多归子培方伯，此其一也。回忆十六年前，敬老寓沪上，曾与予约，他日将以所藏各种古地志归予。及敬老物化，遗书一时星散，前约乃不可复寻。今见所藏书，如见敬老矣。

二十二日，培老约午饮，坐客为杨子勤太守（钟羲）、震在廷主政（钧）、李君审言（详）、赵伯藏太守（于密），杨君往守江宁，曾相见于端忠敏公座上，别且数年矣。品学端粹，为吏廉静。国变后，居沪上，境至艰苦，闭门却聘，近著《石桥诗话》十二卷，载三百年间遗文逸事至详博，实外史也。震君曩教授文科大学诸生时频相见，今亦隐居沪渎，忍饥为人校刊书籍以自活。李君兴化人，工骈俪之文，所注汪庸甫先生。文至精密，相知已久，去年始相见于沪上。赵君武林人，邃于金石文字之学，三十年前即耳其名，平生见其手拓金石墨本至多。相见欢甚，纵谈不觉移晷。在廷言光绪间，汉汾阴后土祠遗址，土人耕地得黄金板，大如簟，上敷朱砂数寸，再上有古礼器十余，仅一字，笔画至简，为盛伯羲祭酒所得。此言古礼器故事者，所未知也，惜在廷不能举其器名及其文字耳。薄暮诣抗父处，看静安目疾似少减，意数日后当锐减矣。因留抗父处晚餐，乙夜乘沪宁汽车赴浦口。

二十三日，晨兴，易津浦车发浦口。天气燥热，车中读《河朔访古记》，竟抵兖州。下车寓宝元栈，已夜深矣。由宁至津之途，为予平昔所未经。车过滁州时，冈阜甚多，然率低平，欧阳庐陵谓"环滁皆山"是矣。而又云"西南诸峰，林壑尤美"，以予之所经过，实未见一峰也。知文章家赋物多不确，大率类此。

二十四日，晨兴，入市闲览。过九仙桥入城，荒凉如乡镇，无可流览。午间，乘汽车发兖州。一时许至曲阜，驿距城尚十八里。乘步辇行八里，临泗水，乡人负予而济。既渡，积沙弥望，人行沙上，至艰苦，如逾小碛矣。下午入延恩门，寓连升栈。晚餐后访劳玉初侍郎（乃宣），漏三下乃返寓。侍郎与予有戚谊，且与先大夫有昆弟之盟，予丈人行也。同治丙寅，劳丈过淮安至予家，予时生未弥月。后劳丈宰近畿，至辛丑始相见于沪上，则予年三十有六矣。又十年，辛亥冬任京师大学总监督学部侍郎，予则已避地海东。此次劫后重逢，不觉悲喜之交集。劳丈于乱后侨居青岛，青岛破，移家曲阜，近于世情益灰冷，方为女公子阅视算草以遣日。但精神甚健，云能行二十里不疲。殷殷询予海外近况，至可感纫。劳丈言曲阜民俗朴僿，士夫罕知学术，然数易代而兵燹不及，物价亦廉，此可居也。近来世家日贫，乡绅多鬻田宅者。孔荭谷先生所居微波榭，今亦悬价待售。又言寓此年余，罕可与言者，近商云汀太史（衍瀛）将来此卜邻，可稍慰岑寂。云汀为予旧识，予监督农科大学时，云汀亦监督大学附属高等学堂。国变后音问遂绝，今见劳丈，始知云汀初应德人尉礼贤之聘，寓青岛。青岛陷，寓青州，今将由青州徙此。其介弟藻亭太史（衍鎏）则在德京教授东方学术，是能不辱科第者也。劳丈又言国变时，陈贻重京卿（毅）以辛亥冬乞假归。濒行谏止，逊让言甚切，直今遁世不出。陈君为舫仙廉访（湜）之孙，廉访领湘军有战迹，今贻重皎然于浊乱之世，可谓能绳武矣。左文襄公之孙子异廉访（孝同），当江苏倡乱时，挂冠函去。胡文忠、彭刚直、刘忠诚后人闻均有清操，能自守。诸勋臣有后，亦我朝待乔木世臣，有加礼之报也。

二十五日辰刻，诣劳丈，徒步同谒圣庙。庙就阙里遗址立之，相传创于鲁哀公十七年，初在曲阜城外十里。明正德辛未，盗略山东，县城毁，诏守臣移县于阙里，筑城并包之。故县之南门即庙门。城外神道长里许，夹道古柏森然，乃元时植也。入庙门，诣大成殿，行三跪九叩礼。礼毕，瞻仰圣像，并见案上置牺、象、山、雷四尊，上有"汉元和贰年制"等字小篆阳识，书"二"字作"贰"。其雷尊上画雷神形，又以文字及书体断之，确为后世仿造，非真汉物也。案前复有一案，以置乾隆三十六年颁赐之十器者。案上刻十器名，曰周木鼎、曰周伯彝、曰周蟠夔敦、曰周亚尊、曰周册卣、曰周宝簠、曰周夔凤豆、曰周牺尊、曰周饕餮甒、曰周四足鬲。陈列时，依所刻之名列之，其器则藏于衍圣公府，不得见也。汉四尊之侧有陶尊一，相传是有虞氏著尊。其制如圆筩，敛口而三足，今齐、鲁、秦、豫出土者甚多，乃秦汉间物，亦非有虞氏制也。庙廷屡灾，所传古器多非其朔矣。因偏观杏坛、诗礼堂、鲁壁、金丝堂（金丝堂即鲁恭王毁壁，闻金石丝竹之声处。明代修庙已迁徙，非初地）、圣迹殿（殿上刻《圣迹图》百十有二石，乃明代以枣版拓本上石者，今漫灭不可复拓。流传者又为枣版本矣）、奎文阁（阁为历代藏书之所，今不存一卷）、故宅井（井已渐涸。圣祖谒庙时，尚汲水饮之。然观其井阑，乃数百年物耳）、手植桧（桧色黝黑如古礼器，叩之作金石声，不朽腐。相传树萎于晋而复生于宋，唐高宗时再萎，宋仁宗时再荣。金贞祐间兵入曲阜，庙灾树焚，枝干不存，元时复萌蘖。明弘治间庙焚树复被焚，遂不生不死，以至于今）。复至同文门观诸汉刻，则每石皆加封禁拓，即圣迹殿吴道子所绘圣像，亦加封于肩项间。骇其无礼，手揭去之。噫！世禄之家，鲜克由礼，自古为然，然不谓遂至于此，为慨喟不已。他一门庑下，有汉画数石，闻系数年前治地时得之土中，则尚未加封，异日当遣工拓之。出庙门，诣劳丈处午餐。午后雨大作，薄暮冒雨驱车返寓。过庙门时，下车徒步，足胫皆没水中，如徒涉。然本朝崇尚儒术，尊崇圣教，远逾前代。自康熙甲子，圣祖躬诣阙里祭奠，行三跪九叩礼，礼数之隆，为前代所未有，并命有司新庙貌。雍正二年，阙里不戒于火，发帑兴修，命大臣专董其役，殿庑规悉准宫阙，备极崇奂，至八年乃告成，即今庙也。乾隆十三年，高宗东巡，躬谒林庙，厥后亲诣阙里者凡八次。所以崇先圣者至矣，故能成三百年文明之治。今名教式微，邪说充塞，彼曲学阿世者，附会公羊家说，以"大同"为孔子教旨，此固不足以损圣教之毫发。然郑声紫色，淆视听而乱正学，安得有以斯道自任？如孟子者，辞而辟之，生民之害，庶可已乎？

二十六日，晨起偕劳君笃文（健）同至陋巷，谒颜庙。庙中树木森然，庙貌颇圮。出庙谒孔林，出北门即为神道。古柏两行，至林而止。林墙四匝，创于明永乐间。入林过洙水桥，洙水今仅如带。前为思堂，圣墓在林之中央，周以短垣。墓前有翁仲石兽，为宋时制。圣墓南为伯鱼及子思墓，墓侧为子贡庐墓处，今有室以存故迹。林中树木丛翳，其中楷木至多，其材可为杖，萌可茹，子可榨油。伯鱼墓东南有古楷一，相传为子贡手植。短垣外为孔氏族葬处，泰山都尉宙、博陵太守彪、郡曹史谦墓皆在焉，三碑则已移至同文门。又有二冢已倾损，其制甓砖为坟，如覆釜，然砖外覆以土，中空为圹，圹内有隧，亦以砖甓之，棺遥在隧以内。隧中必尚有室，不可得而见矣。其一前有小碑，半埋土中，仅露篆文，曰"四十七世池□□"云云。左侧楷书小字，曰"公讳若初，字公�。曾祖讳自牧，赠吏□□"云云。右侧曰"宗戬公元符三年登进士第，享年□□"云云，乃宋代冢也。他一圹中有志石及盖，盖书"宋故乡贡明经阙里孔君墓铭"，其志字细不可辨。闻曾有拓之者，乃元祐元年也。二冢闻倾损久矣，至今不修整，可异也。出林后，至元公庙，庙尤圮废。殿后断垣上有汉画石一，上刻"周公"二字。《山左金石志》曾著录，云：此石初在元公庙废墙上，今移至四氏学。故王文敏公《汉石存目》及近人《山东省保存古迹表》并谓石在四氏学，不知其至今初未尝迁移也。入城过鲁泮宫遗址，积水清泚，木石幽静，其地在行宫之侧，闻鲁灵光殿故址亦在此。车过学宫，至夔相圃，观二石人，一题"府门之卒"者尚植立完好，其题"乐安太守麃府君亭长"者，则已断折横卧菜圃中，为之摩挲太息。闻颜氏乐圃虽荒废，所藏竹叶碑烬余残石尚存，以时既晏，未暇往观。与笃文同归。午饭，笃文出古陶登断截见示，询为何物，且云得之郭外某处废陇中，累积盈数亩，皆断缺无完整者。予乃悟其地当为古之废窑。二十年前，临淄出三代古陶登及量缶等至多，其有文字者，陈受卿太史（介祺）簠斋中藏弄不少，予所蓄亦数百。陈氏不言出土之状，其地殆亦废窑也，惜不及与笃文同往郭外一观。必有有文字如临淄所出者，异日当移书请劳君访之。申初，与劳丈及笃文别。欲出城乘汽车，则以连日盛雨，泗水涨，不可涉，乃赁车返兖州，酉刻抵宝元栈。丑初，乘汽车往天津，由兖州乘汽车。却行至邹县，仅一驿。初意谒至圣林庙后，至邹谒亚圣林庙，复由邹至泰安登岱，然后赴津门。乃连日盛雨，濒行时尚时作时止，孟庙在城内，林则距城且二十余里，道泥泞不可行，遂止。汽车夜过岱岳时已入睡乡，即岳色亦未得见，至为憾事。名山之游，殆亦有定数耶？

二十七日晨起，于车中晤张君研云（祖廉），学部旧同僚也。三年余不见，殷殷慰问。彦云自言今隐于路局，糊口以忍死，不忍为今之士夫所为也。知予将为中州之游，因作书致汴洛铁路局友，以利行旅，意至可感。中途闻车中客互谈北方近事，谓都中赌风大炽，某政客以一夜负万金，某某以半日负三十万金，又某某以一时间负二十万金，闻之骇绝。此外凡不愿闻、不愿知之事，则皆闻之知之，方寸为之作恶。下午车抵津门，与研云别，寓河北中西旅馆。访同乡方君药雨，观其新得古泉货佳品不少，有文在穿左右之隶书，汉兴及东周、西周半睘等诸圆金，又见一圆足大币，背文曰"一"，与予所藏小圆足币背文正同（即李竹朋旧藏载入古钱汇者）。"牢"字有从羊作，仅见于殷虚遗文，从不见于吉金文字中，不意曾见于古币也。又见药雨新得铜权，文曰"官累重一斤十两"，文字甚精，乃汉人迹也。秦权无言几斤几两者，为汉物无疑，其形制则与秦同。以前传世古权量，秦权以外，有新莽权，未见汉权，是可珍也。薄暮阅古董肆，见铁权一，文与方君所藏正同，亟购得之。又见汉残碑墨本三，乃近日中州出土者。其一存字十二行，每行存八字，其首二行存七字，末行存六字，首行有"贤良方正"等字，中有"元初二年六月卯卒"云云，乃安阳学元孙残石之上截。墨本上钤"姚氏贵昉藏石"六字印，姚氏不知为何许人也。安阳残石初不能晓为何时立，今知为元初二年矣。其一存字十六行，末行及第十二行无字，乃碑文下截。行十五字，首行"□朝侯之小子也"云云，上钤"爱古山房初拓"印，亦不知为何人。其又一则为残碑阴题名，存字五行，第一行存一字，次行存全字一半字，二、三行至五行则皆云"故吏某某"，均汉刻之佳者。又一墓碣，文曰"故左郎中邓里亭侯沛国丰张盛之墓"，分书亦佳。以署"沛国丰"考之，知为晋石矣。诸墨本索值奇昂，不得已如其价许之。往予在都中，中州出土诸石均不肯售墨本，予悬高价求之，乃十得二三。今乃自知拓墨虽索值昂，究可稍稍流传，此近事之差可慰者也。古董客某，往在都时旧识也。为予言自予出都后，凡发见之古物，无过问者，西人亦不能尽知。购者十二三，存者十尝七八。请予入都一行。予实不忍重见国门，乃重谢之。

二十八日，药雨来约午餐。闻王孝禹观察（瓘）以去年卒，往日谈金石学旧交也。闻所藏书画，佳者鬻之垂尽，诸墨本中则《魏崔敬邕墓志》得之丹徒刘君者，今以千金售之都中，其余尚存篋衍。予往欲借观其旧拓昭陵诸碑，孝禹诺之，然未果见示。今墨本虽在津门，而道途匆匆，不能往观，至为怅惘。午后至古董肆，见老友高君翰生（鸿裁）所藏六朝墓砖三，一为"武定三年张定女阿兰"，一为"齐天保八年高僧保"，一为"大业三年刘茂妻许"，存肆中。求墨本不得，因于肆中借毡墨，手拓之。翰生，潍县人，嗜金石之学，老而弥笃。所集齐、鲁古印捃，选择甚精。辛亥秋始相见于都门，比来海外，书问不绝，时以墨本互通有无。所藏元大字本敖继公《仪礼集说》，闻至精，未得一见。藏古砖、瓦当至富，予辑《唐风楼瓦当文字》，采翰生所藏多至数十品。其藏砖则允赠墨本，至今不能得。安得至翰生家，一一手自拓之耶?

二十九日，将赴彰德，不欲经都门，乃取道保定以往。卯刻乘慢车，午后至保定。京汉车夜间始至，乃入城闲览。往岁予视学至此，曾留数日，今则廛市全非旧观。盖壬子春，乱兵由京来，焚掠殆尽。询之土人，怨咨之声盈耳。于古董肆中得专志一，曰"安熹丞刘"，分书至佳。又得砖印一，文曰"博陵郡之印"，阳文甚工，唐官印也。第以砖为之，殊不可解，然实奇物矣。又得断师比一，矢镞具铤者一。师比背有楷书"真定"二字，书体似隋人。师比有楷书，亦罕见。矢镞之铤多断折，铤短者或具，铤长无完者。《周官·考工》："冶氏为杀矢。刃长寸，围寸，铤十之"，今予所得全长，得建初尺八寸七分，刃之长一寸，与冶氏文略同。予往欲作《释镞》，就传世古镞以证《考工》，今得此具铤之镞，为玩弄，不忍释手。乙夜京汉车至，附之以行。

三十日巳刻，抵彰德，寓人和昌栈，亟进餐，赁车至小屯。其地在郡城之西北五里，东西北三面洹水环焉。《彰德府志》以此为河亶甲城。宋人《考古图》载古礼器之出于河亶甲城者不少，殆即此处。近十余年间，龟甲、兽骨悉出于此。询之土人，出甲骨之地约四十余亩，因往履其地，则甲骨之无字者，田中累累皆是。拾得古兽角一，甲骨盈数掬。其地种麦及棉，乡人每以刈棉后即事发掘，其穴深者二丈许，掘后即填之，复种植焉。所出之物，骨甲以外，蜃壳至多，与骨甲等，往岁所未知也。古兽角亦至多，其角非今世所有。至一乡人家见数十具，角之本近额处相距约一二寸许有环节一隆起，如人指之着指环者，然土人谓是龙角。往岁曾于此得石磬三，与《周官·考工》所言形状颇不同。《尔雅·释乐》："大磬谓之。"郭注："形似犁。"今殷虚所出与犁状颇似，意殷周磬制不同。郭注云似犁者，意是旧说，乃殷制与《考工》所记异。《考工》所记，则与犁异状矣。予曩又得雕磬断片，两面及侧均刻镂，与古礼器同。宋人《博古图》载古磬二，甚类殷虚雕磬，亦与周磬殊状。当日定以磬名，殊精确。予尝与王静安征君言，宋人考古之学不让于乾嘉诸老，如定古礼器之名，其误者固十一、二，其确者则十恒七、八。静安亦谓然。石磬，其一也。今于小屯更求断磬，不可得。予旧所得又有骨镞，有象匕、骨匕，有象掭（以骨为之，即《诗》之"象掭"），有骨简，有石刀、石斧，其天生之物有象牙，有象齿。今求之，亦罕见。然得贝璧一，其材以蜃壳为之，雕文与古玉蒲璧同，惜已碎矣，为往昔所未见。获此奇品，此行为不虚矣。予久欲撰《殷虚遗物图录》，今又得此，归后当努力成之。阅览竟，以天气亢燥思饮，亟归寓。少选复入城，观古董肆，得土偶四，乃辛亥年磁州出土，俗所称"曹瞒"。疑冢中所出朴而精，远胜芒洛所出隋唐诸俑。今晨车过磁州，见古墓如陵阜者甚多，皆俗所谓曹瞒疑冢，实皆魏齐王公贵人冢也。曾见一冢顶已陷，又见一冢有商人所树木榜告白。邦人不知护惜古迹至此，念之滋戚。又得古墓专志五，曰"万击"，曰"武定五年相里才"，曰"武平元年比丘尼道洪"，曰"天保七年魏世俊妻车延晖"，曰"天保八年□息奴子"。闻古董家言古砖志多出彰德，洛阳以南则无有矣。逆旅主人李姓，颇知古器物出土之地。为言古骨贝、铜贝均出磁州讲武城；磁枕出彰德北关外颜家庄左近故窑中；磁人、磁马、磁狗之小仅寸许者，出彰德西六十里王家窑（二窑皆于土中掘出，为宋元间故窑）；宋元磁酒瓮白地黑花者，出山西阳城，亦故窑中物；连布出卫辉以东；垂字币出彰德。古器物出土之地于考古至有关系，前人多忽之，良以古物多得之都市，估人展转贩鬻，致售者亦不知所自出，其尤黠者或讳言之。如龟甲、兽骨，潍县范姓估人始得之，亡友刘君铁云问所自出，则诡言得之汤阴。予访之数年，始知实出洹滨。使不知所自出，则殷虚所在，末由断定矣。详记之，以告吾国之考古学者。逆旅主人又言彰德南乡近有人家治舍得古冢，出古物甚多，中有二小碑及甲胄等物，载之盈数车，惧人讼其发冢，仍掩土中。言若往观者，愿为之介。予以行程匆迫，谢不往，而令购二碑，乃至今无消息，殆已入肆估手矣。逆旅主人少在军中，故辛亥殉国总兵谢公（宝胜）事迹知之甚详。言谢公剿贼至勤，御军尤严。以前中州盗贼纵横，公皆躬自捕治，剪其渠魁，民赖以安。其军士平日兢兢奉职，备御至密。公尝冬夜私巡部下，见某哨巡兵熟睡，取其铳以去。明旦招失铳者，诘质之，惶栗请命，乃严戒而遣之，于是巡夜兵不敢稍息。其他事多类此。亡友汪穰卿舍人（康年）曾作公传在国变前，公尚未授命也。逊国诏下，公北面饮弹以报先帝，可谓慷慨烈丈夫矣！家弟子敬罗振常，曾访求公遗

第一编　自述与回忆

事，当会最作传，以昭示来兹。予之知有殷虚文字，实因丹徒刘君铁云。铁云，振奇人也，后流新疆以死。铁云交予久，其平生事实不忍没之，附记其略于此：君名鹗，生而敏异，年未逾冠，已能传其先德子恕观察（成忠）之学，精畴人术，尤长于治河。顾放旷不守绳墨，而不废读书。予与君同寓淮安，君长予数岁，予少时固已识君。然每于衢路闻君足音，辄逡巡避去，不欲与君接也。是时君所交皆井里少年，君亦薄世所谓"规行矩步"者不与近，已乃大悔。闭户敛迹者岁余，以歧黄术游上海，而门可罗雀。则又弃而习贾，尽倾其资，乃复归也。光绪戊子河决郑州，君慨然，欲有以自试，以同知往投效于吴恒轩中丞。中丞与语，奇之，颇用其说。君则短衣匹马，与徒役杂作，凡同僚所畏惮不能为之事悉任之，声誉乃大起。河决既塞，中丞欲表其功绩，则让与其兄渭清观察（梦熊），而请归读书。中丞益异之。时方测绘三省黄河图，命君充提调官。河图成时，河患移山东，吾乡张勤果公（曜）方抚岱方，吴公为扬誉，勤果乃檄君往东河。勤果故好客，幕中多文士，实无一能知河事者。群议方主贾让不与河争地之说，欲尽购滨河民地以益河身。上海善士施少卿（善昌）和之，将移海内赈灾之款，助官力购民地。君至，则力争其不可，而主束水刷沙之说。草《治河七说》上之，幕中文士力谋所以阻之，苦无以难其说。时予方家居，与君不相闻也。忧当世之所以策治河者如是，乃著论五千余言以明其利害，欲投诸施君，揭之报纸，以警当世。君之兄见而大韪之，录副寄君。君见予文则大喜，乃以所为《治河七说》者邮君之兄，以诒予。且附书曰：君之说与予合者十八九，群盲方竞，不意当世尚有明目如公者也！但尊论文章渊雅，非肉食者所能解。吾文直率，如老妪与小儿语，中用"王景"名，幕僚且不知为何代人，乌能读扬、马之文哉！时君之玩世不恭尚如此。岁甲午中东之役起，君方丁内艰，归淮安，予始与君相见。与君预测兵事，时诸军皆扼守山海关以拱京师，予谓东人知我国事至熟，恐阳趋关门而阴捣旅大，以覆我海军，则我全局败矣！侪辈闻之皆相非难，君之兄且引法越之役法将语，谓"旅大难拔"以为之证。独君意与予合，忧旅大且旦夕陷也。乃未久竟验。于是同侪皆举予与君齿，谓二人者智相等，狂亦相埒也！君既服阕，勤果卒官，代之者福公（润）以奇才荐，乃征试于京师，以知府用君，于是慨然欲有所树立。留都门者二年，谓扶衰振敝，当从兴造铁路始，路成则实业可兴，实业兴而国富，国富然后庶政可得而理也。上书请筑津镇铁路，当道颇为所动。事垂成，适张文襄公请修京鄂线，乃罢京镇之议。而君之志不少衰，投予书曰：蒿目时艰，当世之事百无一可为，近欲以开晋铁谋于晋抚，俾请于朝。晋铁开则民得养，而国可富也。国无素蓄，不如任欧人开之。我严定其制，令三十年而全矿路归我，如是则彼之利在一时，而我之利在百世矣。予答书曰：君请开晋铁，所以谋国者，则是矣，而自谋则疏。万一幸成，而蜚菲日集，利在国，害在君也。君不之审。于是事成而君"汉奸"之名大噪于世。庚子之乱，刚毅奏君通洋，请明正典刑，以在沪上幸免。时君方受廪于欧人，服用豪侈，予亟以危行远害规君，君虽韪之，不能改也。联军入都城，两宫西幸，都人苦饥，道殣相望。君乃挟资入国门，议振恤。适太仓为俄军所据，欧人不食米，君请于俄军以贱价尽得之，粜诸民，民赖以安。君平生之所以惠于人者，实在此事。而数年后，柄臣某乃以私售仓粟罪君，致流新疆死矣。当君说晋抚胡中丞奏开晋铁时，君名佐欧人，而与订条约凡有损我权利者，悉托政府之名以拒之，故久乃定约。及晋抚人奏，言官乃交劾，廷旨罢晋抚，由总署改约，欧人乘机重贿当道，凡求之晋抚不能得者，至是悉得之，而晋矿之开，乃真为国病矣。呜呼！卖国以自利、世所诟为"汉奸"者且不忍为，而当道竟悍然为之，势不至辛亥之变，举三百年祖宗之天下而并售之不止。君既受窃钩之诛，而彼卖祖宗之天下者且安荣如故也！然则庄生之言，宁为过乎？至于君既受廪于欧人，虽顾惜国权，卒不能剖心自明于人，在君乌得为无罪？而其所以致此者，则以豪侈不能自洁之故，亦才为之累也。噫！以天生才之难，有才而不能用，执政之过也！怀才而不善自养，致杀身而丧名，吾又焉能不为君疚哉？书毕，为之长叹。

四月朔，晨束装将赴洛。乡人及古董肆以古物乞售者麇集，得瓦鸮尊一，斝一，土偶一，乃山西出土者，三代物也。予向所见古明器，由隋唐逮宋元而止，今既得磁州所出六朝明器，又得三代土偶及礼器，合以曩所得关中出土之俑，历代明器备矣。往欲作《古明器图考》，久未就，若隐有所待者，为之狂喜。又见玛瑙觯一，许以重价，不肯售。巳正乘慢车，申初抵郑州，汴洛车已过，乃寓大金台旅馆。寓中挟瑟者比户皆是，彻夜为之不眠。

初二日巳初，乘汴洛车赴洛。午正至河南府，寓天保客栈，栈在邙山之麓。邙山为一小岭，远观蜿蜒如长蛇，近视皆土阜也。古冢弥望，有大冢与馆门正相值者，司马文、宣王陵也。午餐后入城阅古董肆，古物寥寥。洛人言都中某势家子搜求古物，蓄洛阳估人数十辈于邸中，掘邱摸金，祸及枯骨，犹诛求不已。呜呼！此亦古物之浩劫矣！于会友斋得隋唐人墓志十一种，皆近年芒洛新出土者。又于古董肆以厚价得"女年九岁"残碑一纸，仅存三行，分书极佳，当在魏晋间，出金墉城遗址。问石今在何许，秘不以告。洛阳人情颇倾诈，此行所经保定民俗最良，天津次之，彰德又次之，洛为下矣。予以辛亥秋见周臣韩通及夫人李氏墓志墨本于翰文斋，书肆云石藏一张姓家，今方待价。予惊名贤遗陇之遭发也，欲至汴访遗址为封树之，以国变不果。此次到洛访张氏于古董肆，俾遂夙愿，乃金云不知其人，为之怅惘无已。

初三日晨卯刻，赁车往游伊阙。南渡洛水，中途过关帝陵。下车入谒，庙貌尚完整，殿后为帝陵，周以短垣，壁上有刻石，记庚子两宫西狩曾于此驻跸，躬亲祭奠。寺僧为言往事，相对慨喟。午初抵龙门，崖壁间遍刻龛像，仰视既久，肩项为之酸楚。初至宾旸洞，有营兵驻焉，阻客不听。入与商良久，乃得逾阈。洞中驻兵数十，坐卧于是，饮食于是，并于像侧作炊，像黔如墨。数年以来，名山大刹半驻军士。予过京口，初拟至焦山游览，手拓鹤铭，并至海西庵松寥阁寻旧游之屐痕，探放翁之遗刻。乃闻诸寺均为军士所占，废然而止。乃又于龙门遇之，游兴为之顿阻。出洞后至老君洞，石级高且浅，不能安足，令导者牵曳而登。佛像首多失去，闻是厂估祝续斋等以钱贸乞儿于深夜私凿以售诸外人。前在彰德，逆旅主人为言南北响堂诸巨像皆失其首，亦彼等所为，令人目不忍睹。此诸洞者，以累朝官私之物力，越世数十而后成就，今为肆估一旦摧毁，贸钱几何乃忍而为此？欲至九间房，因风烈日炎、路又高危而止。乃隔伊川望香山寺，颓圮殊甚。寺因山为基，其下像龛不少，是时因目之所睹，令脑中种种作恶，乃不复渡，遵前辙济洛而归。归途便道入城，与会友斋商拓龙门造像全分二十部。予曩以龙门造像墨本多至四五百种而止，而号称五百品、千品者，皆以复品充数，且无详目可稽，故欲尽数精拓。今征之目验，始知无年代及仅二三字可辨者、文不可属读者，几居其半。因与定约，凡仅存二三字者屏之，其无年月而文字稍可属读者则亦拓之。至薄暮乃定议，惟二十分期以三阅月乃能竟，予不能自携归耳。返寓，已晚餐后。凡游龙门者皆以篮舆，予初不知。以车往，道涂倾危，颠簸如舟驶巨浪中，归寓惫甚，乙夜即就寝。

初四日晨，碑估阎姓来，得隋唐志墨本九。询以藏韩通志之张氏，碑估谓是张十四，亦不能举其名。但又云张所藏尚有魏石夫人墓志及隋唐志，已携墨本赴都中觅售。其人今既不在洛，则此冢仍不可踪迹，为之闷损。午后欲至存古阁，畏尘畏热而止。乃访陇海铁路工程局长徐君端甫（世章），砚云所介绍也。面托以代收龙门造像拓本，兼谋访韩墓事。端甫言洛人有林荞原太史（东郊），留心乡土故实，明日当为介绍相见于局中。乃订以明午往。薄暮，有持魏官一品张墓志墨本至者，云石在白马寺不远，近年出土。若欲得此石者，议价定即载以至。书体甚精，乃与议价。白马寺距城十五里，约乙夜以石至。至丙夜尚无消息，乃就寝。

初五日，昨售石人来，言石主佣力至他处，数日后乃归，故昨往不得石。洛人多诈，其言不可信，乃一笑而罢。购精拓本数纸。午间见荦原，告以访韩墓事，始知张固林之戚也。谓此石确已入都乞售，而墓址恐秘不肯言。予告以初非欲究发冢事，乃欲求埋碧之处封树之耳。费由予筹，不以累地方。且予濒返国时，东友有富冈君（谦藏）者，闻予将访通墓，捐银币三十以助封树之费。远人好义尚尔，望君与张氏协商，卒有以成之。又告以闻此石即出张氏田中，田中封树占地几许，其地价亦由予任之。林君唯唯，谓当有以报。予及夜膳时，端甫来言，顷又见林君及此间当道，已将韩志事协商，由当道购二石，存之署壁，并刻石述始末，不许移徙，再徐商封树事云云。于是韩志事稍有端倪，而全失予之初意。予意首在封树，购石其后也。今乃先购石，恐封树仍不可期。予之初衷，恐终将付诸泡幻矣，为之长太息。洛下私掘古冢，约分三类：一曰贫民觊觎古物以贸钱；二曰势家购人发掘；三曰外人盗掘。端甫言铁道总医官，欧洲某国人，所得古物甚多，得即寄归，不能知所得为何物也。闻司马文宣冢亦为所盗发。盗发之技，洛人操术至巧，乃于近墓处为隧道，以通墓中。故圹中已空，而崇封如故，人不觉也。今文宣墓虽已被掘，仍岿然高峙，恐汉代诸陵亦不免罹此灾矣。噫！刘估来，出所拓碑版乞售，拓墨尚精，因令拓崇高三阙题字。告以少室题字神萆以前尚有残字，神萆上一石亦有残字，二处共约十余行。予旧藏黄小松拓本有之，著录家皆未知也。又据黄小松《嵩洛访碑日记》"堂溪典请雨铭"，其言惟以下一石尚存二字，令并拓之。并令拓诸画像，与约拓三十分。刘估曾手拓嵩少诸刻，故与言颇明了。此次洛游最减兴，惟此一事差可慰耳。予所藏黄小松拓本为端忠敏公乞取，今为补牢之计，不知能偿斯愿与否？近数十年间士夫藏石之风颇盛，此非古刻之福也。石人人家，禁拓墨，少流传，一也；子孙不知爱惜，或以镇肉奠柱，二也；转相售鬻，移徙无定，易于纷失，三也。然在公地，若关中之碑林、洛下之存古阁，其制善矣，而典守不严，仍有纷失。刘估言辛亥之变，存古阁所藏之墓志失去数石，又闻李超墓志曾为某学官携去，土人争之，乃得复反。予在学部时，丹马人何乐模谋窃关中《景教流行中国碑》，赝刻一石将以易原石。同乡方君者，其弟为何乐模通译，阻之不可，乃函告方君，方以告予。予亟白学部，电陕抚及学使，由金胜寺移入碑林，欧人乃运赝石以去。然此仅千百中之一二耳。其密输以出者，不知几许。予近时将我国古刻流入海外者为《海外贞珉录》，已知者凡数十石，其未知者尚不知何限，可为发深慨也。

初六日晨，林君以所藏唐志石拓本二纸见赠，索予所撰《芒洛冢墓遗文》，允到沪寄赠之。乘汴洛车赴开封，端甫来送行，并为作书致陇海东路工程局长章君文通，且谓由汴至徐路且通矣。予初欲于游汴后折回郑州，至鄂，江行抵沪，至是乃拟改由汴、徐仍循津浦路以归。车中见嵩少诸峰去人不远，恨不暇往游。午间抵汴，寓华商旅馆。诣同乡郭君荩臣许，荩臣出示《乾隆平安南战迹图》及《平西域战绩图》铜版二，乃近得之都中者。镂刻精细，画皆凹入，与日本所刻铜版同。《战迹图》人间流传至少，当时惟近侍大臣得蒙赏赐。往岁，在上海徐家汇藏书楼见之。壬子春，从恭邸许得乾隆时征小金川及廓尔喀、道光间征回疆三图，《平安南》及《西域图》则向所未见也。诸《战迹图》版及乾隆十三排地图版均藏武英殿，同治初年值铜荒，工部因诸图阴刻不能刷印，请以鼓铸，相臣某止之，故至今尚存。不知地图版今在何许？因忆宣统初元内阁大库书籍奏归学部时，予曾至内阁阅览，见地图盈两架，欲取阅，某舍人言"此旧地图，无所用，待摧烧者"，予骇甚，属姑徐之，亟言于部，舆以归，后以庋之京师图书馆。又于大库庭中见题本堆积满地，亦奏明焚毁者。予随手拾取，得阿文成公言兵事奏，再阅他本亦然，依年月类次，颇井井，皆重要史稿也。亦亟告部中，载以数十车，权置国子监，今亦不知所在。此二者，虽经予言得暂免劫灰，然终亦且沉埋散失而已，念之滋痛。

初七日，冒雨游书店街，得《康熙绍兴府志》。吾郡之志，乾隆以后即未续修，乾隆本间有传者，然已至少，康熙志尤少。予所藏有嘉泰志、明张元忭志，乾隆志，但少《宝庆续志》耳。十余年前在上海时，尝与吾乡徐仲凡丈（树兰）言修郡志事，卒不易观成。盍仿《四明六志》之例，先取宋二志、明一志及康熙、乾隆二志刻之，而附以《会稽三赋》，乾隆以后当为《续志》，《前志》有疏失，则为《补志》。若至湘中刻之，所费不过四五千缗耳。徐丈欣然，谓君如任校勘者，予将任筹费。予欣然诺之。时徐丈方养疴沪上，乃不久归道山，事竟不果。至今日更无望矣。姑附前说于此，以俟来者。午后，诣章君文通许。章君在汉阳铁厂二十余年，辛亥之乱，章君尚在彼。为言当日情事及流离之状，有余痛焉。章君又言汴徐间仅数里未敷铁轨，现可乘货车往。晚间雨益甚。是日，初欲至岳庙访汴学石经《中庸》残石，以雨不果。汴学石经今仅存《周礼》数石，岳庙一石乃近二十年出土者。亡友蒋伯斧谘议（黼）曾以手拓本见诒，云石在岳庙，今不知尚在否？又欲往访明代挑筋教诸碑，荩臣言今其地已成市廛，碑石已无可踪迹，恐亦为欧人载去矣。襄岁闻柯凤孙京卿（劭忞）言磁州高盛碑下截已出土，但未见墨本，予遣厂估求之数岁不得也。前车过磁州时，不能下车亲访，及至洛，于古董肆求之，亦不可得。今日在书肆中忽见一本，且有碑阴，为之差慰。又得隋唐志十余纸。一古董肆有唐志石三，求墨本不得，因托郭君觅工拓之。约拓成，寄海外。此行得芒洛新出墓志凡四十余种，异日当校录以为《芒洛冢墓遗文续编》。

初八日午间，乘货车赴徐州，荩臣至寓来送行，章君则至驿路相送。车中风烈，气候俄变，御三袷衣尚不支，乃易以棉。晚至距归德府十八里之朱集，路员邵君衡斋导入寨中一小店投止。与邵君闲话，知邵君之尊人与先大夫有旧故，相款至殷。

初九日昧爽，邵君送予乘小汽车至牛王堌易骡车，行七里，复易东段货车。车中人言昨土匪数千人与防营战于此，互有胜负。匪所持皆新式快铳，其军械远胜于防营，故颇难敌。语未毕，见有兵士十余人来登车，又十余人送之，皆携军械，乃车甫发送者。将归，则丛树中铳声大作，此十余军士者亦以铳答之，盖又挑战矣。车行稍远，尚闻铳声。防营驻扎牛王堌，意此十余军士者殆将歼于匪矣。近日报纸不载汴中土匪尚猖獗至此，惟日日歌诵功德，谓"白狼已就擒，豫省久安谧"，而闻豫人言，白狼固尚在，不过其众略散暂伏处耳。呜呼！自辛亥以来，日以"国利民福"四字欺罔天下，而所谓"国利民福"者固如是也。车至砀山，又易客车。下午至徐州，宿招商旅馆。遥望云龙山色，不及揽胜也。

初十日，乘津浦路汽车返浦口。子初，由浦口乘沪宁夜车返沪。予自上月下旬发沪后至是，易车已十余次矣。

十一日，辰初到沪。行李甫憩，亟诣抗父处，则静安目疾十愈七八，起居如常矣。此行日日转徙，靡有定居，无从通音问。虽逆料疾必日减，而终不能去怀。既相见，乃大慰。返寓解装，检点所购诸物，尚无损坏。戚友麇至，谈至宵分。

十二日晨，拜赵伯藏太守。太守则已束装，将送眷归武林。行箧旁午，然坚留小坐。出所画花鸟见示，书卷之气盎然。子培方伯言太守山水画为当今独步，惜不得见。又出示宋龙泉窑器，云近年龙泉掘地得故窑，一时所出不少，且以瓶一、盏二相赠。云将以一人再来沪，手书通函处，乃握别。复诣杨子勤太守。坐侧积书如崇墉，座谈良久，为言近沪上诸家刻书事甚悉。予闻南浔刘氏所刊《周易》单疏已竣工，购之肆中不能得，托杨君为予求之。

十三日晨，拜艺风丈，为言《宋会要》徐星伯先生辑本，已由王雪澄廉访（秉恩）许归南浔刘氏，将分类校写付梓。星伯先生所辑乃长编也。又闻廉访旅沪，境况颇艰。廉访与予不相见者，十余年矣，劫后闻尚健。春间闻予《殷虚书契考释》成，乃亟访予弟子敬购求之，谓予所著书，其行箧中无不备。老而矻学，至可钦佩。廉访富收藏，近多出以易米，欲往看，以时促不果，乃托知好为致予意。午后拜张让三观察（美翊），亦十余年不见，须发皤然。观察为人慈祥恺悌，肫然如佛。劫后从事慈善事业，并留心乡里掌故。出《续甬上耆旧诗》及《李景堂先生遗集》写本，云将醵资付梓，予亟怂恿之。予请代购求《全谢山先生句余土音》，乃慨然出藏本

第一编 自述与回忆

以赠。此书予求之十余年矣，一旦得之，欢喜无量。让老并以《之江涛声》一册见赠，云是周君梦坡所撰，载辛亥吾乡事多，为予所未知，亦今之有心人也。复往谒培老时，将他出，乃匆匆致数十语，订再见约，郑重而别。

十四日晨，与静安同乘春日丸。忆去年亦乘此船返东，老友杨惺吾舍人（守敬）携其孙来送予。予与舍人交至久，舍人水地之学为本朝之冠。去年至沪，本欲往见，闻其将北上而止。舍人闻予将行，则亟至舟中，以所著《水经注》序为托。予劝毋北行，舍人言使者已在此，容设法却之，颇有进退维谷之状。予既至海外，惺老卒入都，殆不能却使者。然尚投书，陈此行乃谋刻所著书，非以求仕，仍申前请，属为之序。且云即足下鄙其人，曷垂念所学乎？语至惨切。乃不及一岁而遽殁。因与静安追谈往事，为之黯然。异日必当为一传以章所学，庶慰此老于九泉。晚间雾作。

十五日，晴。舟行至稳。与静安谈游事，已恍惚如梦中矣。午后作书致诸戚友。

十六日晨，入门司港，发电致家人。

十七日晨，入神户港。午后乘汽车，下午至京都驿。儿子辈已迎于驿次。及抵家，日将夕矣。

上虞罗氏枝分谱（摘）

......

　　夫以一人一家之兴衰，亦有常有变。大率祖宗积德累仁，其世泽必悠远；反是，则其子孙将有败德累行、伤人纪、乱天常者出焉，此盖其常也。若夫以瞽瞍为父而有舜，以舜为兄而有象，许敬宗之后有许远，卢奕之子有卢杞，此则其变也。然则为人子孙贵乎自立，而为父兄者亦守其常可耳。今述迁淮以来先人所践履与彝训约举如下：

　　先曾祖奉政公昆季五人，生齿繁衍，资产不给，乃旅食四方。芜湖缪公镕与予家有戚谊，官南河里河同知，家居扬州，乃携孥往依焉。缪公为之介绍，历佐盐河幕，勤慎不苟，晚岁积数十年俸入，从事懋迁，利辄数倍，遂致产数十万金。以先王考高邮公服官江苏，遂侨居淮安之清河。

　　先王考高邮公初随先曾祖寄食缪氏，缪公赏其才，留佐家政而家政理，缪公益器之，为纳粟得布政司理问，候补江苏。以廉能为大吏所器，历署牧令。道光二十二年，英师犯长江，以防海劳保知州衔，冬，署淮安军捕通判。二十三年，以催漕获盗功保知州。二十五年，署泰兴县知县。值岁不登，四乡妇女入城为人佣，多委弃婴儿无过问者。公乃收养署中，雇乳媪哺之，全活甚众。邑人感焉，乃醵资办育婴堂，以垂久远。二十六年，知赣榆。二十七年，知盐城。二十八年，知高淳。值水灾，损廉赈贷，户有日给口粮以外，益以薪蔬茵絮，民不冻馁。他郡邑因水害多流亡，独高淳竟事，无一人徙境外者。三十年，权知江宁。咸丰元年，牧高邮。民俗侈靡，城乡妇女喜盛饰观赛，入庙烧香，每致滋事。乃严谕禁止，且令绅耆劝导，不率者罪之。于是积习丕变。二年夏，河决，徐州漕督调公佐办丰北大工。是年冬，至清江浦，祝奉政公七十寿，遽卒于浦庐，年四十三，诰授奉政大夫。光绪庚寅，先府君办顺直水灾赈，捐奖四品封典，诰赠中宪大夫。宣统纪元，振玉官学部参事，覃恩加四级，晋赠通议大夫。

高邮公初娶于陈，不逾岁卒。及佐缪公理家政，公妻以长女，道光十五年卒。复妻以次女，生何氏姑，二十一年又卒。思得淑女抚鞠之，闻方淑人贤，乃纳聘焉。淑人安徽桐城人，考仲秀，江苏山阳县里河县丞。淑人早失恃，端淑仁孝。二十二年来归，内政井然，抚前女如己出，俾高邮公得专心民政。高邮公署淮安通判，以催漕外出。胥役有舞弊者，先王姊察知之，密函告高邮公。公归惩之，署中肃然。及令高淳，先王姊撤簪珥，助振灾。先高邮公卒，先府君年甫十一，先叔父遂安公九龄耳。先王姊由金陵闻变，星夜奔丧。既殡，因留侍奉政公，并以十余年所积俸余万五千金进。奉政公却之，曰：此汝夫妇辛勤所积，为两孤读书之资可也。淑人不敢违，姑置之。

而诸伯叔祖中有倡议兄弟无异产，淑人不应有私蓄者。及明年，奉政公弃养，将析产，乃以是讼之官。时公产六十万金，诸伯叔祖平日席丰履厚，固未尝匮也。先王妣闻之，慨然曰：俸余乃奉政公所赐，不敢辞，公产则可得而让也。戒先府君兄弟曰：奉政公以只身羁旅，并此万五千金者亦无之，徒以忠信勤俭，得有今日。汝曹异日能自立者，何必籍祖产？使不能自立，则祖产适长汝曹罪恶，终亦不能保也。今先人尸骨未寒，吾忍以资产滋讼辱先人乎？乃于清河县立案，让公产不取。诸从祖大慰，然仍虑异日或滋口实，命先府君及遂安公立据，言推产虽禀庭训，然异日即贫无立锥，亦无悔。淑人许焉，于是家难乃纾。不数年，诸伯叔祖中有产尽来乞助者，淑人冈弗应，且有致月饩至数十年者。贫不能殡者殡之，不能读者令与诸孙同塾读，不复记往事也。

奉政公身后诸从祖析产，分居他所，淑人亦挈先府君卜葬先王考，买宅于河下之罗家桥。时值黄河北徙后，当道设局招垦滩地；乃认领二十顷垦治之。延师授先府君兄弟书。咸丰十年，捻逆南窜。避地盐城，罗家桥宅毁于兵，乃至郡城别购更楼东赵姓宅。鬵河滩垦地，置山阳田产。遣嫁何氏姑，以非己出，奁田甚丰。并为先府君兄弟先后授室。咸丰八年，命先府君纳粟得县丞。同治丁卯，先叔公举于乡。于是家以再立，而淑人心力瘁矣。

予生晚，不及侍先王考。当予之生，先王考见背已十四年。幸得侍先王妣。予年二十有五，先王妣始弃养，故于先王妣淑德懿行，知之甚悉。予生以前，则据吴勤惠公（棠）所撰先王妣《五十寿叙》。家难事，先府君记之，先王妣未尝言

也。予生以后，先王姒仍主家政，一门之内，肃若朝廷。礼防
至严，以一老仆司阍，得入内白事，他仆无故不许擅入，女仆
无故不许出内门。终日沉默寡言，御下及训子孙以礼，未尝有
急言遽色，而上下莫不严惮。祀先人必敬必洁。孙辈五岁即从
师受学，暮始归寝。孙女等课以针黹。终日危坐不下堂，而诸
孙男女几二十人，疾病饥饱寒暖，一一调节，鲜致夭札者。予
辈幼时目未尝见恶色，耳未尝闻恶声。孩提之童，口未尝出鄙
俗之言，以为人家莫不如是也。偶闻亲贯中有争诟非礼事，辄
以为异，以询先王姒。先王姒曰：此习俗所染耳。愿汝曹长
大，永守我家法，度不必问外人事也。禁畜婢，曰：此导子弟
陷入邪僻丧行者也。禁赌博，曰：赌博令人长贪黩、启争竞，
招损友、废时日，斁家政、坏礼防，万恶备焉。禁妇女出门与
庆吊，曰：庆吊男子事，妇女责在理家政而已。既与庆吊，驯
至于游观非分，无不为矣。禁杀生，曰：古人仁民以及物，无
故不杀，所以充不忍之心，非守二氏教也。禁妇女读小说，
曰：小说述才子佳人，其事子虚乌有，有因此致斁行败德者
矣。且女子在守彝训、勤女工，略识书算，能佐家政，是亦足
矣。即能颂椒咏絮，亦不足贵也。平日自奉极俭而待人至厚。
先府君师金陵丁君，发逆之乱，家口荡尽，仅存 子。又皖人
王某为予家旧戚，乱后无所归，咸主予家十余年。山阳李岷江
先生（导源），先府君及先叔父曾从受业。及先府君纳粟得
官，先叔父举于乡，仍岁致束修先后数十年。及予兄弟稍长，
乃复从受业。山阳旧有施药局，以资绌，且中辍。乃捐数百金
置田收租，以充常费。同治丙寅冬，岁饥，道殣相望，出资掩
埋，并施田数十亩为义冢，俾闻思寺僧主之，以垂久远。如此

之类，不及备书。自先王妣弃养，逮今且四十年，虽谨守家法，不敢违越，然已不免小德出入。远想遗徽，弥滋愧矣。

先府君以咸丰八年纳粟得县丞，指省江苏。时发逆之乱未平，且年甫十七，仍家居读书养亲。嗣以生齿繁，乃以光绪初元与同乡于清河醵资设质库。顾司其事者不得人，再逾岁，亏耗二万金。先叔父遂安公适选遂昌教谕，乃析产赴任，家事乃日棘。七年辛巳，得江苏藩司檄，委署江宁县丞，乃委家政于先妣，命予佐理。时先府君年四十，予年十六耳。自是先府君遂未尝家食。十三年署海州州判，二十年署徐府经历，二十六年署清河县丞。先府君性和厚，尤笃于友于之谊，恬退自甘，安贫若素，从未乞当道一言以求进，故留江苏垂五十年，未尝补官进秩。予平生侍先府君之日恒少，惟光绪辛巳，先府君送玉及先兄返里应童子试，由暮春至仲夏，日侍左右。晚岁就养沪江，予时长江苏师范学校，月或一归省耳。及备官京师，忝窃微禄，而先府君已不及见矣。哀哉！

先府君初聘江苏候补通判缪公松年女，早夭。先王妣为聘山阳范光禄公长女。外王父讳以煦，字泳春，副榜举人，候选光禄寺署正。富藏书，著《淮壖小记》《淮流一勺》，以补正方志。他著作甚多，皆未刊行。交游遍海内，学行冠一时。先妣幼淑慎如成人，为外王父所钟爱。及来归，先王妣方主家政，门户鼎盛，顾以子女众，操劳甚，致恒多疾苦。及先府君避债外出，又悉以家事委之，于时资产视逋负才及半，每岁入以偿息金不及半，且予同母昆季姊妹十人，无一婚嫁者。先妣以田宅为先王妣所手置，矢死守之。虽索逋者户外屡恒满，终岁忧劳，间以痃疾，处境非人所堪，而二十年中一一毕婚嫁，复遘四丧，而遗产终得保全。予家居佐吾母者十有五年，三十以后始得负米四方。及光绪壬寅冬，宿债甫偿，而先妣遽以明年正月弃养。不孝无状，不能尽一日甘旨之养，致先妣二十年间饭疏粝、衣败絮，终其身无一日之欢。弃养之岁，始制一布裘，而御之不及百日。呜呼！不孝之罪真上通于天矣！昔汪容甫先生为其母邹孺人《灵表》，其言曰："生我之恩，送死之戚，人所同也。家获再造，而积苦以殒身，行路伤之，况在人子？"不啻为不孝言之矣。

先妣秉操坚贞，虽以积瘵之身而操作劳苦，昕夕无片刻暇，有疾隐忍不言，但假寐须臾即起，操作如故，有健丈夫所不能堪者。及光绪甲午秋，先妣病疟，予时馆山阳邱氏，下榻馆中，先妣不以告。一日归省，乃知之。留侍疾，先妣斥之曰：疟非大病，速趋馆，愈即以告。越数日，命奴子以病愈告，令勿归。然不能放怀，乃私归，则病增剧。先妣犹以"勿荒馆务，误人子弟"，令趋返馆。因诡言日趋馆、暮归侍，乃许之。由是病日增剧。幸荷天佑，转危为安，然至次年四月间始就痊。予自季秋至孟夏，未尝解衣寝。平生晨昏多缺，惟此七月间稍尽寸心而已。先妣性质慈祥，见人有急难，虽典质俱穷，亦必思所以拯之。邻曲以困苦告，无不勉应。有以窘迫及他事故服毒自杀者，命予储药待之，虽深夜，必令亲往，岁辄活数人。故弃养之日，邻右莫不哭失声。呜呼，使先妣处境稍裕者，其恩泽及人为何如哉？

予同母兄弟五人，弱弟振銮早夭，仲兄出嗣。家道中否，时季弟尚弱，惟与伯兄佩南先生实同患难。光绪辛巳，兄与予同受知于学使者太和张公（沄卿），为县学弟子员。兄意非致身科第不能兴门阼，故习制举之文甚力。予谓科名得失操之于人，惟学问则操之己，劝兄同治经史小学，兄韪之。尝佐兄辑《碑别字》及《六朝防戍城镇考》。卒以为妨举业，弃置之。两应乡举，铩羽归。授室后，嫂氏富家女，无鸿案相庄之乐，戚戚无欢悰。逮丙戌仲秋，遽染疾不禄。时值王氏妹出阁，称贷将事，罗掘已穷，卒撄此变，不能成殓。先妣与予等凭尸恸哭，无可为计。幸予妇范淑人脱金饰易六万钱，乃得具衣衾，并以予长子福成为之后。自兄之亡，家难遝兴，于是六七年间叠遭三丧，家事乃愈棘矣！是年冬，卜葬兄于南门外五里松成子庄。

予女兄弟六人。方壬辰秋，先妣病亟，何氏姊及范氏、汪氏、王氏、李氏四妹皆已出室。季妹时年十五，尚未字人，独昕夕侍疾。及病益笃，何氏姊及诸妹五人，乃合上疏东岳庙，愿各减算二岁，以益先妣。季妹闻之，曰：诸姊皆适人，有仰事俯畜之责者也。可死者我耳！夜露祝庭中，愿以身代。已而不数日，病伤寒遽卒，而先妣竟逾，逾十年始弃养。邻里皆叹为诚孝之征。是年冬，葬城南龙光阁。昔刘念台先生撰家传，附"淑媛"。援例著之，以告我子孙，幸永保其封树，岁时附祭不得以寻常幼殇等视也。

伯兄佩南先生传略

兄讳振望，字佩南，亦字佩蔺，浙江绍兴上虞人，生而笃孝，长厚，有成人风，性顾不慧。五岁入塾，师所授书终日不能上口，王母方太恭人疑师不任职，亲课之，钝如故，督之急则捧书以泣，王母怒且怜之，以为毕生无读书望矣。年十一二乃自奋励，攻苦力学，岁时伏腊，未尝稍辍，数年业乃大进，视敏慧者有加焉。光绪辛巳应童子试，受知于学使者太和张公沄卿。玉家本儒素，是时家君复以贾匮，其资财益竭，乃口出走，留兄洎玉，左吾母守淮安寓庐，每岁资用所入不及出之二三，典质屡空，并日而食，加以婚嫁频仍，索逋者屡盈尸外，号评升堂，刻无宁晷，戚党无顾恤之者，或且肆虐焉。兄左吾母，百计维持，安内攘外，家事赖以粗立。居恒谓玉曰："人贵自立，当守道自重，不宜以贫贱稍有贬损。"又曰："处家庭最不易，而处贫贱之家庭则尤难，凡事尽吾心力行其心之所安而已。是非黑白勿遽辩也。"数语可谓探事理之赜矣。兄又尝为玉言："士处贫贱当思自奋发，不得不以科名为急务。"

故兄颇肆力制举之学。壬午乙酉两应乡举不中第，居恒怏怏，又以家庭多故，事多拂逆，每忧愤至忘寝食。积日既久得热病，医者忽视之，投轻剂遂致剧而卒。兄素履端方，动合矩范，卒之日邻里乡党均哀，共叹恨仁人之不享眉寿。兄既卒，家事愈棘，而楮柱愈艰，用是益征兄维持弥缝之周且至矣。吁兄初为帖括之学，不甚留意于训诂名物，二十外乃从事于此，用力未久而精该博通，老师宿儒咸谢不及。尝谓读书以识字为要，识字以辨别正字别字为要，辨正字别字以熟读《说文解字》及多见唐以前碑版为要，乃采辑碑版别字依韵次之，为《碑别字》五卷。又谓顾氏霭吉《隶辨》多讹误，为《刊误》四卷。又以南北朝防戍为地理尤要之事而诸史地理志著之不详，尝欲采辑诸史纪传所载为《六朝防戍考》。又以孙氏星衍《寰宇访碑录》以年代为次不如以郡县为次，尝拟放舆地碑目之例，将《访碑录》及赵氏之谦《访碑录补》订讹补阙，合为一书，重为编次为《舆地碑录》，其笃志好学又如此。诸书惟《碑别字》已成书，《隶辨刊误》兄携稿赴试，于谒舍亡失，无副本。其它二书属草未就，玉当赓续成之。兄生于同治元年十月某日，卒于光绪十二年八月某日，得年二十有四，娶王氏，无子，以玉之子福成为之后，葬淮安城南某乡之原。今距兄之殁六年矣，玉惧其行业不章于代，爰纪述其平生为传略，俾吾后人之为家乘者有所稽焉。光绪十八年太岁在玄执徐霜月之望，弟振玉谨记。

第 二 编
序与跋

罗振玉

自
述

《读碑小笺》叙

　　夙嗜金石之学。每循览碑版，遇一名一义有裨考订者，辄随笔疏记。岁月既积，弋获颇多。今夏逭暑余间，删薙旧稿，缮存百则。虽瞀说肤闻、见嗤都雅，而考文订误，或资壤流。其有纰缪，来哲匡旃。

第二编　序与跋

《眼学偶得》叙

幼值穷厄，长撄世故，外侮凌迫，百忧煎心。年才志学，已不克专虑读书。然意之所欣，境弗能徙。偶获小隙，辄手一卷，霄深体惫，弗忍辍也。今夏虐热蒸人，世故略简，从侪辈借书，日竟数十卷，有所得则欣然削牍。志之与古人处，遂亦忘我贫矣。新秋渐凉，宜近笔研，取旧稿随意写成一卷，不复次第后先。取北齐颜黄门"必须眼学，勿信耳受之"语，颜曰《眼学偶得》。一知半解，姑自记其所知，不足出示外人也。

《殷虚书契前编》序

　　光绪二十有五年，岁在己亥，实为洹阳出龟之年，予时春秋三十有四。越岁辛丑，始于丹徒刘君许见墨本，作而叹曰：此刻辞中文字，与传世古文或异，固汉以来小学家若张、杜、杨、许诸儒所不得见者也！今幸山川效灵，三千年而一泄其秘，且适当我之生。则所以谋流传而攸远之者，其我之责也夫！于是尽墨刘氏所藏千余为编印之，而未遑考索其文字。盖彼时年力壮盛，谓岁月方久长。又所学未邃，且三千年之奇迹，当与海内方闻硕学共论定之。意斯书既出，必有博识如束广微者为之考释阐明之，固非曾曾小子所敢任也。顾先后数年间，仅孙仲容徵君（诒让）作《契文举例》，此外无闻焉。仲容固深于《仓》《雅》《周官》之学者，然所为《举例》，则未能阐发宏旨。予至是始有自任意。岁丁未，备官中朝，曹务清简，退食之暇，辄披览墨本及予所藏龟。于向之蓄疑不能遽通者，谛审既久，渐能寻绎其义。顾性复懒散，未及笺记。宣统改元之二年，东友林君（泰辅）寄其所为考至，则视孙徵君《举例》秩然有条理，并投书质疑。爰就予所已知者为《贞卜文字考》以答之。已而渐觉其一二违失，于旧所知外亦别有启发，则以所见较博于畴昔，故于是始恍然。宝物之幸存者有尽，又骨甲古脆，文字易灭，今出世逾十年，世人尚未知贵重，不汲汲搜求，则出土之日即澌灭之期。矧所见未博，考释亦讵可自信？由此观之，则搜求之视考释，为尤急矣。因遣山左及厂肆估人至中州，瘁吾力以购之，一岁所获殆逾万。意不自歉，复遣人至洹阳采掘之，所得又再倍焉。寒夜拥炉，手加毡墨，拟先编墨本为《殷虚书契前编》，考释为《后编》。并谋投劾去官，买地洹阳，终我天年，以竟此志。乃逾年冬而国难作，避地浮海，将辛苦累蓄之三千年骨与甲者郑重载入行笈，而展转运输及税吏检察损坏者，十已五六。幸其尤殊者，墨本尚存。乃以一岁之力，编为《前编》八卷，付工精印。其未及施墨者，异日当辑为《续编》，而《后编》亦将次写定。呜呼！丧乱以来，忽已匝岁，神州荒翳，文献荡然。天既出神物于斯文垂丧之时，而予又以偷生忍死之余仓皇编辑，须鬓日改，犬马之齿亦既四十有七，上距己亥已阅十有四年。买地洹阳之愿既虚，茫茫斯世谁复有读吾书者？亦且拘此遗文以自慰藉而已。穷冬濡豪，万感百忧，一时交集。岁在壬子十二月。

《殷虚书契后编》序

　　宣统壬子，予既类次所藏殷虚文字为《书契前编》八卷，书既出，群苦其不可读也。越二岁，予乃发愤为之考释。私意区宇之大，圆颅方趾之众，必将有嗣予而阐明之者，乃久而然。复意并世之士，或不乐为此寂寞之学，当有会最殷虚文字以续我书者，久亦然，无所闻也。一若发潜阐幽，为区区一人之责者。至是予乃益自厉，曰：天不出神物于我生之前、我生之后，是天以畀予也！举世不之顾而以委之予，此人之召我也！天与之，人与之，敢不勉夫？爰以乙卯仲春渡海涉洹，吊武乙氏之故虚，履发掘之遗迹，恍然如见殷大史藏书之故府。归而发箧，尽出所藏骨甲数万，遴选《前编》中文字所未备者，复得千余品，手施毡墨百日而竣。方谋所以流传之，家人闻，匿笑曰：往以印书故，灶几不黔，今行见釜鱼矣！乃亦一笑而罢。然固未尝恝置也。今年春游沪渎，有欧人某君者闻予为此书，请而刊焉。乃以十日之力亟厘为二卷付之，俾与《前编》共传当世。往尝念言学术传布之责，天下有力者当共肩之，顾久无所遇也，今乃幸得之。异日者，当更就箧中所藏并再至殷虚搜求其孑遗，以补此两编之所未备。不知尚有好古如某君者，为我任刿剟之事者乎？爰书以召之。岁次丙辰上巳。

《鸣沙石室佚书》序

　　距晋太康初纪汲郡出竹书之年，又千七百余载，为我先皇帝光绪之季岁，海内再见古遗宝焉。一曰殷虚之文字，二曰西陲之简轴。洹阳所出，我得其十九，既已毡拓之，编类之，考证之。虽举世尚未知重，而吾则快然自足，一若天特为我出之者。鸣沙之藏，则石室甫开，缥缃已散，我国人士初且未知。宣统改元，伯希和博士始为予言之。既就观目录，复示以行箧所携，一时惊喜欲狂，如在梦寐。亟求写影，遽承许诺。后先三载，次第邮致，则斯编所载者是也。自夏徂秋，校理斯毕，爰书其端曰：予于斯编之成，欣戚交并，有不能已于言者七事焉。古人有言：名世之生，期以五百；神物出，世数且倍之。即时会幸至，而我生不辰。今则大卜所掌若诏，予以典守，荒裔宝藏，亦并世而重开。此可欣者一也。厘家简册载以数车，而诸家写定，仅得七十五篇，今则简册盈千，卷帙逾万，兹编所刊，千不逮一。数已相垺，此可欣者二也。秘藏既启，遗书西迈，东土人士末由沾溉。博士念我所自出，亟许以传写，一

第二编　序与跋

言之诺，三岁不渝，邮使屡通，异书荐至。此可欣者三也。敦煌之游，斯丹前驱，伯氏继武，故英伦所藏，殆逾万轴，法京所弆，数亦略等。吾友狩野君山近自欧归，为言诸国典守森严，不殊秘阁，苟非其人，不得纵览。英伦古简，法儒沙畹考释已竟，行将刊布，其余卷轴捡理未完，刊行无日。此可戚者一也。往者伯君告予，石室卷轴取携之余尚有存者，予亟言之学部，移牒甘陇，乃当道惜金，濡滞未决。予时备官大学，护陕甘总督者，适为毛实君方伯（庆蕃），予之姻旧。总监督刘幼云京卿（廷琛）与同乡里，与议购存大学，既有成说，学部争之。比既运京，复经盗窃，然其所存，尚六七千卷，归诸京师图书馆。及整比既终，而滔天告警，此六七千卷者，等于沦胥。回忆当时，自悔多事，此可戚者二也。遗书窃取，颇留都市，然或行剪字析，以易升斗。其佳者，或挟持以要高价，或藏匿不以示人。遇此伧荒，何殊覆瓿？此可戚者三也。往与伯君订约写影，初冀合力，已乃无助。予为溇阳端忠敏公言之，忠敏亦谓前约已定，义不可爽，因慨任所费。然时公已罢职，力实未逮。沪上书估某适游京师，予为购合，偿忠敏金，约以估任剞劂，予任考订。顾时逾数年，未出一纸，乃复由予赎回自任刊布。而既竭吾力，成未及半，此可戚者四也。呜呼！天不出神物于乾嘉隆盛之时，而见于国势凌迟之日，今且赤县崩沦，礼亡乐，澄清之事期以百年。而予顾汲汲为此，急若捕亡，揆以时势，无乃至愚，而冥行孤往，志不可夺。此编既成，将如孔鲋所谓"藏之以待其求，无宁守之以慰幽独"。苟天不使我馁死海外，尚当移书博士，更求写影，节啬衣食之资，赓续印行，以偿夙愿。知我笑我，非所计也！癸丑九月。

《流沙坠简》序

　　光绪戊申，予闻斯坦因博士访古于我西陲，得汉、晋简册载归英伦。神物去国，恻焉疢怀。越二年，乡人有自欧洲归者，为言往在法都，亲见沙畹博士方为考释，云且版行，则又为之色喜。企望成书，有如望岁。及神州乱作，避地东土，患难余生，著书遣日。既刊定《石室佚书》，而两京遗文犹未寓目，爰遗书沙君，求为写影。嗣得报书，谓已付手民，成有日矣。于是望之又逾年，沙君乃寄其手校之本以至。爰竭数夕之力读之，再周作而叹曰：古简册之出世，载在前籍者凡三事焉。一曰晋之汲郡，二曰齐之襄阳，三曰宋之陕右。顾厔冢遗书亡于今文之写定，楚邱竹简毁于当时之炬火，天水所得沦于金源讨羌。遗刻仅存片羽，异世间出，渐灭随之。今则斯氏发幽潜于前，沙氏阐绝业于后，千年遗迹，顿还旧观，艺苑争传，率土咸诵，两君之功，可谓伟矣！顾以欧文撰述，东方人士不能尽窥，则犹有憾焉。因与王静安征君分端考订，析为三类，写以邦文。校理之功，匝月而竟，乃知遗文所记，裨益甚

第二编　序与跋

宏。如玉门之方位，烽燧之次第，西域二道之分歧，魏晋长史之治所，部尉、曲候数有前后之殊，海头、楼兰地有东西之异，并可补《职方》之记载，订史氏之阙遗。"若夫不孤"证宣尼（孔子）之叹，马夫订墨子之文字；体别构，拾洪丞相之遗书；迹递迁，证许洨长（著《说文解字》、《五经异义》，后者已佚）之说，此又名物、艺事、考镜所资，如斯之类，偻指莫馨。惟是此书之成，实赖诸贤之力。沙氏辟其蚕丛，王君通其衢术。僧虔达识，知《周官》之阙文；长睿精思，辨永初之年月。予以劣，滥与编摩，蠡测管窥，裨补盖鲜。尚冀博雅君子，为之绍述，补阙纠违，俾无遗憾。此固区区之望，亦两博士与王君先后作述之初心也！爰弁简端，用诏来学。宣统甲寅正月。

《国学丛刊》序

　　间尝闻今之论学者言稽古之事，今难于昔。又谓道莫大于因时，事莫亟于致用，礼教足以致削，诗书不能救衰，古先学术必归淘汰。蒙窃以为不然。夫自三古以来，人文斯启，东迁以后，百氏踵兴，至秦定挟书之律，汉严中秘之藏，两京师承，率资口授，四部群籍，咸出手写，成学匪易，往哲所嗟。今则刊本流传，得书至便。加以地不爱宝，山川效灵。雍郊获鼎，补伏孔之逸篇；洹阳出龟，窥仓沮之遗迹。和阗古简，鸣沙秘藏，继鲁壁而重开，嗣厘冢而再出。古所未有，悉见于今。此今易于古者一也。古者风化阻于山川，学子劳于负笈。文翁莅蜀，西州方起诵声；道真还乡，南域乃兴文教。然交游终限于九州，驰观不及于域外。今则声气相应，梯航大通。长庆乐府传入鸡林，《尚书》百篇携来蓬岛。将见化瀛海为环流，合区宇为艺府。观摩逮于殊方，交友极于天下。此今易于昔者二也。继事者易为，后来者居上。是以汉末经师，兼综六艺；唐初《正义》，备采南北。国朝二百余年，儒风益振。

王、郝诂训，上扶五雅之衰；段、桂《说文》，遥夺二徐之席。焦、张之图礼制，陋李、聂之前闻；阮、吴之鼎彝，压宣和之御制；謦欬匪遥，流风未沫。此今易于古者三也。至若先圣遗书，经世大典，固已范天地而不过，揭日月而俱行。即诸子之学说，百家之撰论，文字之训诂，名物之考证，挹其精华，固光焰之常在；存其糟粕，亦史氏所取资；求其义理，则有光大而无沦；胥语其方法，则有变通而无弃置。在昔六籍灰尘，东鲁之弦歌自若；五季俶扰，群经之雕椠方新。今且旁行斜上，尽译遗经。海峤天涯，争开文馆。矧兹宗国尚有典型，老成未谢，睹白首之伏生（伏生，两汉经学家，亦称伏胜。济南人，秦时为博士。始皇焚书时，藏《尚书》于壁中，使得传存。西汉《尚书》学者多出其门下）；来者方多，识青睛之徐监。方将广鲁于天下，增路于椎轮。张皇未发之幽潜，开辟无前之涂术。信斯文之未坠，仁古学之再昌。杞人之忧，斯亦惑矣！予性不通敏，幼学多歧。屠龙之技未成，雕虫之心转炽。朝市中隐，闭户自精，朋从往还，稽古相勖，于是乃有《国学丛刊》之约。岁成六编，区以八目：曰经，曰史，曰小学，曰地理，曰金石，曰文学，曰目录，曰杂识。将以续前修之往绪，助学海以涓流。蚊负之身，知非可任，鸿硕之士，幸共图成。跂予望之，毋我遐弃。宣统辛亥春。

《赫连泉馆古印存》序

予年十五始学制印，苦无师承，尝以百钱从持竿售旧物者得汉人私印一。爱其深厚古穆，佩衣带间，斯须不去身。此予有印癖之始，然第知重其雕篆之工而已。稍长，渐聚诸家谱集，始知古印玺者，实于小学、地理、官氏诸学，至有裨益，好之乃弥笃。私意数百年来，固未有能阐斯学之蕴者也。四十游京师，求古玺印于都市，累岁所得，不逾百已。闻人言山东估人岁至归化城搆之，乃与东估约，有所得，悉归予。于是先后遂得玺印千余。选其尤精者数百，为馨室所藏玺印。及国变作，携以自随。孤栖海外无以给，晨夕乃鬻以糊予口，致辛苦数年而后得之者，至是悉为他人有。每念之，不去怀。则又稍稍托同好搆致之，然所得不及往岁之半矣。力仍不能有再聚者，复再散。去年长夏，撰《历代官印辑存》，顿触旧好，复购求之，又得古印玺约四百，复制为《赫连泉馆印存》。（下略）

《石鼓文考释》序

　　光绪辛巳夏，予在杭州偕仁和王同伯丈（同）谒郡庠，观宋高宗书石经于堂壁，见阮文达公所抚天一阁本石鼓文墨一本以归。明年得国学原本，毡墨不致，欲得善本，未由购也。岁丙戌，始得盛伯羲祭酒监拓本，纸幅宽大，施墨精到，凡常本不能辨之字，咸朗朗如拨云雾。校阮本，始知传抚之失，有可据今本是正者。……（中略）恨不获古拓及宋甲秀堂、明顾氏研本，一一为之勘校，而定其得失，写定以传当世。壮游四方，始得见明以前旧拓本，四十始见甲秀堂周秦篆谱宋拓本，又后得见顾研本。并几互勘，始知诸复本中阮本实最善，顾研本亚之，甲秀本又亚之。至是欲亟写定本，又虑前人有为之者，因循且十年。自海外索居，屏弃人事，间取诸家著录遍观之，则传写之失同于模勒，盖无一书能精慎不误者。爰以长夏比勘诸本异同，以为之谱，复折衷诸家，以成定本。又就管窥所及，说解其文字，以补苴前人而为之笺。既成，颜之曰《石鼓文考释》。陈谱、顾研，予求之数十年始得之，世之君子，当有求之毕世不可得者。翁氏率鼓，复本传拓亦罕。并附印于后，以供当世学者考察写印。既终，秋风将动，追维《吉日》、《车攻》之盛烈益悲。苌楚苕华之身世，草间忍死，忽已数年。俟河之清，未知何日，乃辨异同于微芒，耗居诸于寂寞。灰心丧志，俯仰增惭，斯编之得失，更何足云？揽素弁言，用告来叶。丙辰七月。

《古明器图录》序

　　光绪丁未冬，予在京师，始得古俑二于厂肆。肆估言俑出中州古冢中，盖有年矣。鬻古者取他珍物而皆舍是。此购他物时以为滕者，不知可贸钱也。予具告以墟墓间物，无一不可资考古，并语以古俑外有他明器者，为我毕致之。估请明器之目，适案头有《唐会要》，检示之，估诺诺而去。明年春，复挟诸明器来，则俑以外，伎乐、田宅、车马、井灶、杵臼、牲畜诸物略备矣。予亟厚值酬之。此为古明器见于人间之始。是时海内外好古之士，尚无知者。厂估既得厚偿，则大索之芒洛间，于是丘墓间物遂充斥都市。顾中朝士夫无留意者，海外人士争购焉。厂估在关中者，遂亦挟关中之明器至。方予初见时，有所遇必尽之，已则选尤精异者。不逾岁，乃盈吾几案间，室隅坐下，亦罗列殆遍。客入予斋者，金愕然，谓是毕良史死轩也。予时方考历代明器制度，为考释。第以所见多出唐代，间有出天水之世者。其自关中来者，时有汉物，而先秦及六朝者不得见。欲更有所待，用是因循。逾岁，削稿未及半而丁国变，予既携家避世，此累累者不能尽携，乃先弃其重大者，次及习见者，其精好者或为臧获辈窃取，已去所藏太半矣。此少半者箧藏而东航，比至，人物皆断胆折肢，尊甀之类亦多破损，乃嗒然若丧，闭置不复观览。及岁乙卯，返国展视先垄，并访古汴洛间，则蒿里之藏已垂尽，不复如往者之充斥。然得见辛亥冬磁州所出六朝明器，又见山西所出古俑及尊、罍等物，喜酬夙望，复倾资购归。今年秋，就门侧之塾取先后所得，依世次列之，虽零落之余，尚三百余品。乃选工写影，汰其复重，为《明器图录》四卷。以人物、鬼神为先，田宅、车服、井臼次之，家畜又次之，而古画专为之殿，都百八十有一品。古画砖者，雕刻古孝子、列女像，旁刻姓名，间有墨书者，已漫不可辨。乃五年前出中州古圹中，前此考古家所未尝见者也。既成书，忆前籍之记古明器者，仅宋岳珂撰《古冢椓盂记》，《博古图》载一陶鼎而已，他无闻焉。予之此书，虽较前籍差详，然悉取诸吾斋，间有假之他人者，则不及什一。其舶载至海外者，视此殆什百千万。则此编之隘且陋，可知也。著录者一，而遗者倍蓰千万，则吾书者不过为之权舆尔。所冀当世继吾而有作，广吾所不备，而大饷斯世以考古之资。俾此古器者，不虚出于人间。此固不仅予一人之私幸，盖学术之幸也。予日望之矣。丙辰九月。

《西陲石刻录》序

予年十有七，始蓄金石墨本。顾生长江淮间，又罕交游，于荒裔石墨不能致也。巾笥所储，于裴岑姜行本两刻外，他皆无之。光绪壬辰，吴兴施均甫太守（补华）寄刘平国治关城诵，属为考证，并媵以沙南侯获刻石，乃施君佐张勤果公西征戎幕时所手拓者。于是遽备西域三汉刻，为之喜而不寐。顾读吾乡徐星伯先生《西域水道记》所载诸碑，尚不能致。壮游四方，始渐备其所无。宣统纪元，又得见敦煌古卷轴。据唐写本《李氏再修功德记》补石本阙泐百余字，为之狂喜，殆不异曩得三汉刻时也。去岁既校定《石室佚书》，复据《李氏再修功德记》及《索勋碑》，得知张义潮家世，据以作《张义潮传》，以补正前史阙失。窃谓古刻之裨益史事，以边裔石刻为尤宏。于是拟将西陲诸碑勒为一书。而经辛亥之乱，箧中所藏积三十年而渐致之者，颇有纷失，乃借缪氏艺风堂藏本以足之，遂成《西陲石刻录》一卷，由汉暨元得十有五碑。而未见墨本者，（如《水道记》所录金满县残刻等）则阙之。此卷所录，虽已见前人著录者十六七，然前贤写定往往假手门生、书佐，故多疏误。今手自写定，一一为之补正，一碑或参合数本，或依据旧拓，其考证所得，则俟异日别录之。此固予写碑例也。宣统甲寅二月。

《西陲石刻后录》序

　　癸丑冬，予既写定《西陲石刻录》，顾以生平足迹未尝度
陇，仅就耳目所及，遗漏必多，颇欲从事补辑。今年春在沪
上，缪氏艺风堂见元和叶鞠裳学使（昌炽）视学甘陇时所得
墨本，于予所录外尚得六十余种。以行程匆迫，不及移写，得
其目以归。已又闻新城王晋卿方伯（树楠）储关门以西石刻
至备，意必有可补予书者，亟遗书乞假观，乃久不得报书，方
以为恨。夏六月，日本大谷伯（光瑞）以西陲所得古器物陈
于武库郡之别邸，予亟冒暑往观，见武周《康居士写经功德
记》残石，不能得打本，爰携毡墨往手拓之。复见高昌墓砖
十余，朱书粲然，皆以延昌、延和、延寿纪年，具书月朔、干
支，手写其文归。依长术求之，则当陈、隋、唐三朝，盖高昌
麴氏有国时纪年也，为之狂喜。诸史《高昌传》多疏误，予
既据以作《高昌麴氏系谱》，复次第所录为《西陲石刻后录》。
诸志既是朱写，不可模拓，而躬度流沙得此奇迹之吉川君
（小一郎）乃影照见诒，其不可辨者，往就校焉。于是此录乃

得无遗憾。勘定既讫，爰书大谷、吉川两君之嘉惠于卷端，并遗书方伯载申前请，将续编为三录，并将假叶氏所储为四录，而先写定其目为《甘肃石刻》，目别刊焉。宣统甲寅八月。

《广陵冢墓遗文》序

光绪壬午秋，予自淮安返里应乡试，归途经扬州。于书肆中得真州张氏榕园藏石墨本十余纸，皆志墓之文之出广陵者。此为予储藏墓志拓本之始。后十年辛卯，闻有李氏者藏志石一，乃扬州浚漕渠时所得。展转构求，卒假得之。文字虽多漫灭，而题署年月具存，乃杨吴李涛妻墓志也。山阳邱于蕃大令（崧生）与予同好，乃移石至其家，予则与吴县蒋伯斧部郎（黼）亲施毡拓，于是此石始传人间。嗣是广陵志石有续出者，予闻必购致，然伪迹颇间出。今捡行箧所储，由唐洎元都三十纸，广陵先后所出具在是矣。其大半为张午桥观察（丙炎）所藏，其少半则溧阳端忠敏公（方）督两江时所得。后张氏所蓄，又由兰陵徐积余观察（乃昌）购以归诸忠敏。及忠敏移督畿辅，诸石悉载归京邸。而李涛妻志者，则由李氏归南清河王寿萱比部（锡祺）。比部寻以商破其家，蒋君伯斧又载以庋诸所居双唐碑馆。盖自是而广陵诸石尽矣。自人家藏石之风日炽，古刻每多转徙，然未有如扬州之甚者也。予既校写江苏诸志之在江南者为《吴中冢墓遗文》，江北诸郡所出以扬州为多，爰录为一卷。其出金陵者仅三石，不能成卷，乃别录附焉。忠敏藏石之出扬州者，尚有宋高镇买地券及唐裴公夫人韦氏（天宝九载）、崔克让（天宝十四载）、彭夫人（元和五年）三志，已著之《匋斋藏石记》。验其文字，确为伪作。予所藏墨本中，尚有唐陆氏夫人宋氏志（元和三年）与韦崔二志出于一人之手，今删除不复入录。校缮既完，回思此编之成，上距储集之始，忽已三十有五年。当时诸同好忠敏既完大节，比部又馁死海上，邱、蒋两君亦先后物化。风流顿尽，子则以丧乱，余生羁栖异国。宗邦西顾，盡焉神伤，转羡长逝者之一暝不视也。呜呼，钟虡可移，遑论片石？苌楚之痛，逾于山丘。后世君子，知我心否？乙卯十一月晦。

《海外贞珉录》序

我国古金石刻最富之地曰山左，曰关中，曰中州。访古者足迹之所萃，亦估人猎利者所共趋也。尝闻我关津税吏言古物之由中州运往商埠者，岁价恒数百万，而金石刻为大端。以此推之，其岁出之数可略知矣。顾古刻之随估舶出重瀛者，无论入公室、归私家，其名目均不可得而闻。盖外邦有写影无拓墨，虽或经学者考证载入所著书中，然十不过一二。以视我邦岁拓数百十纸得遍传于人间者，大异矣。予尝谓古刻而至异域，殆不殊再入重泉。予居东以来，颇见我国古石刻之流入东土者，又渐得知其藏弆家姓氏，每托友人录目。并于西人著书中及我国估人之商海外者，又稍知古刻之流入欧美者。每有见闻，辄疏其名，积日既久，遂得百有四十种，盖亦千百之十一而已。其东邦友人藏石，有曾摩挲其下、当时未录其目而遂遗之者，若大谷氏所藏殆不下二十余。则此编所未及者，盖亦众矣。然既已分散于世界诸国，欲一一悉举无失，此亦至难。矧我国今日视学术如弁髦，三千年之伦纪、文物咸弃置不复道，则此后故家所弆、山川所出、连舳以趋海外者方无穷，期亦安得一一簪笔而疏记之？即异日有所赓续，亦仍就耳目之所及，录十一而遗千百如斯编已耳。噫！宣统乙卯九月。

《雪堂金石文字跋尾》序

　　予年十有六，即喜治金石之学。家贫少见闻，又生长僻壤，孤学无助而多暇日。偶得一古刻，即摊书为之考订。当斯时也，以不能多致墨本为恨。至三十以外，饥驱出走，舟车所至，辄事购求，所积至七八千通，不异贫儿之暴富矣。四十官京师，见闻益广，顾以人事旁午，不复能如里居时之闲暇，虽亦从事著录，而时有作辍。国变以后，八年避地，忍死著书，先后刊定殷虚文字、西陲简轴，益不获专力于斯学，致二十年辛苦搜集之金石刻，一岁之中偶得一披省而已。于是知人生百年间，虽区区游艺之事，欲蹒躇满志，已若是之难也，矧大于是者乎？自己未返国，草间苟活，又逾年矣。念我生之不辰，叹人间之何世，自顾平生志事百无一成，安能俯首？下心更治此老博士业。往岁考订之文行将付之炬火，乃儿辈以为可惜，且以编定为请，勉徇其意，次第为《金石文字跋尾》四卷付之。倘异日者，此数卷书得流传人间，后世或将以我为金石学家，予且无辞以谢之矣。庚申八月。

敦煌本《尚书》释文残卷跋

　　敦煌石室遗书在法京者，予既影照二十余种，顾以不得见全目为憾。岁壬子，吾友狩野子温博士游法京，乃手钞目录以归。中有《尚书释文》残卷，予大惊喜，谓必是开宝重修以前本，盖陆氏原书佚于人间久矣！亟走询博士，则以手写数行见示，且为言存者百有三行不及备写也。因相对叹惋。归即移书伯希和博士，请为写影，久不得报。及欧洲战祸作，伯希和君从戎转徙，益不得音问。今年春，忽得法京邮书，言将转官北京使署，复言已为写影古卷轴十余种，俟战弭日见寄。又闻其道经沪渎，以此《释文》诒诸同好，时子温亦得影本。畀予观之，则《尧典》《舜典》完具，开首《序》篇音释阙焉。取校开宝重修本，始知原文遭删薙者将及半，且多存音去释，固不仅去其隶古文字已也。虽吉光片羽，弥足珍贵，方谋付诸影印，而王静庵徵君书来，言海上已印行。然原本颇暗淡，沪上恐不克精印，因复借子温博士藏本印入吉石庵丛书中。既成书，其后以传之。至此书胜处，子温别有考，此不复赘。丙辰十月二十四日。

日本唐写本古文
《尚书·周书》残卷跋

　　宣统纪元，予始见敦煌本古文《尚书·周书·顾命》残篇。逾年，又见《夏书》《商书》，并见日本古写本《商》《周书》残卷，藉以断定宋代传本为伪，东邦所传者为真。又据王伯厚之说，定宋代流传之本，其源均出于郭忠恕。自谓于宋以来，古文《尚书》传本之真伪灼然无疑蕴矣。读《困学纪闻》，谓《泰誓》古文作《大誓》。今薛氏书占义训则作《泰誓》，与王氏所云不同，一若宋代传本颇有异同。不知唐天宝以前未改字真本，果为"泰"，抑为"大"？曩所见均无此篇，未由断定也。怀疑待决，若吁签龟。今年夏，京都神田香严翁忽叩关，挟所藏唐写本古文《尚书》。至启匣观之，则正是《泰誓》以下五篇，为之惊喜欲狂。展卷才数寸，已见"泰誓"字固不作"大"也！因考之《尚书正义》引顾氏说：泰者，大之极也，犹如天子诸侯之子曰太子，天子之卿曰太宰；此会中之大，故称"泰誓"。《正义·序》言为正义者，随有顾彪，则孔氏所引之顾氏乃彪之说。《北史·儒林传》：彪以炀帝时为秘书学士，撰《古文尚书义疏》二十卷。《唐志》：顾彪，《尚书文外义》三十卷（《新志》作五卷），《古文尚书音义》五卷，而无《义疏》。然以《正义·序》证之本传，知彪确为治古文《尚书》者；则孔氏所引，确为顾彪《古文尚书义疏》之说。足证天宝未改字之本实作"泰"，不作"大"。今得此卷，益可征信。至于宋代流传之本，晁、王所述流传之绪至详，不云有别本，其为同出一源可知。而王氏所见薛氏所训，不应有"大"与"泰"之殊。意薛氏本展转复刻，"大"之作"泰"，当为校者所改。深宁之于季宣为乡里后进，不容未见薛书，乃不言薛本作"泰"，其为薛本为后来校改，可以意测。并非宋世流传，于薛本外别有他本也。神田翁耆年厉学，藏善本至富，此卷与唐写《世说新书》《史记》《河渠书》残卷，尤为东邦有名奇迹。乃不自珍秘，将次第印行，而先印此卷，以颁同好。传古盛心，至可钦佩。以予粗能言古文《尚书》流传本末，责以弁言。爰书所知，以质方雅。至经传文字异同，足刊正今本者甚多，予别录入《群经点勘》中，兹不更及。其书法精健，出于李唐，殆无疑义。有目者皆能知之，更不待予言矣！甲寅六月二十五日。

北宋天圣本《齐民要术》残本跋

　　予年三十尚未知稼事，光绪丁酉始学稼圃。遍读农家言，尤喜《齐民要术》，顾恨不得善本。明以来诸刻既讹夺满纸，吾乡袁爽秋先生以宋本校前七卷、刊于中江者，曾取《丽宋楼群书拾补》所载校之，不尽合。盖校勘者以意定其可否，亦未为善本也。岁庚子在鄂中，闻杨惺吾舍人藏影日本高山寺北宋本残卷，求借而授之梓，舍人谓欲取王祯《农书》所引校末二卷之无宋本者，校毕即见畀。予请自任之，则又曰：曩固已从事校勘，弟未清写耳，盍稍候之？然始终固未见与也。私衷耿耿，未尝或忘。辛亥东渡，知此残卷尚在高山寺，而寄存京都博物馆。欲借取影写，苦无人为之介。今年始识神田君（香严），君固博物馆职官也。以介绍请，神田君为言之于馆长久保田君，为移牒高山寺，得许可。于是求之二十年不获见者，一旦乃得披读，亟取以校中江本，不仅第八卷讹夺至众，即第五卷曾校以宋本者，亦尚多舛误。盖吾国所藏宋本，每半叶十行，此本则半叶八行，彼当为南宋椠，此出北宋。观卷中

"通"字缺末笔，可知考通为宋真宗刘后父名，其避讳在仁宗初年，明道间即复旧，则此残卷确为天圣刊本。其字画朴健，与敦煌石室唐刻《陀罗尼》正同。即论版本，亦为宋本中之冠。矧订正夺字、误字多至七八百，岂非惊人之秘籍乎？影印既毕，爰书卷端以识神田与久保田君之惠。闻尾张真福寺尚有古写卷子本，异日将往校写，汇诸本合刊之，以成善本。平日积想，或稍慰乎？宣统甲寅十月。

《丁戊稿》序

予志学之年，遭家多难，履境危苦，非人所堪。三十糊口四方，勉谋事畜。未逮知命，遽值海桑。甲子孟冬，复撄奇变。拔心不死，学殖日荒。往岁徇儿辈之意，写近年文字为《松翁近稿》及《丙寅稿》，丁、戊两年所作又得六十一首。儿辈惧其散佚，复请编为《丁戊稿》，付诸手民。列目如左。松翁记。

《松翁近稿》序

往岁庚申，徇儿辈之请，编第平生文字四百八十首为甲、乙、丙、丁四编，为《永丰乡人稿》。由庚申至今，忽又六年，所作又得五十九首。又检笥得旧作三篇，合之总为篇六十二篇，为《松翁近稿》。溯自辛亥避地，迄于返国，十余年来九死余生，恨不立稿，而留此羽毛，得毋多事？呜呼，长夜悠悠，人间何世？异代知我倘有其人，濡管缀辞为之长喟。乙丑仲冬。

《丙寅稿》序

乙丑岁暮，既编印庚申以后文字七十篇为《松翁近稿》，意欲逐焚笔砚。乃改岁以来人事乖迕，益甚于前，不得已仍流览故籍以遣岁时。陶公诗所谓"造夕思鸡鸣，及晨愿乌迁"者，若为予咏矣。是岁儿子辈复裒集一年中所作文字及旧稿未刊者，总得九十首，付诸手民。请有以名之，乃颜之曰《丙寅稿》。嗟乎，以垂暮之年丁艰贞之会，而浪掷居诸，为此无益，知我、罪我，复奚恤耶？丁卯正月。

《增订碑别字》跋

光绪丙戌，先伯兄即世。越八年甲午，丹徒刘氏始刊兄遗着（著）《碑别字》五卷。既成，予间尝补其遗佚，记于书眉。又七年，乃写定为《碑别字补》五卷，于武昌付梓。又十年，遭国变，予避地海东，乃取两编合编之。两碑所收诸石刻外，十年间所得又将二三千通。暇乃摘其异字可补两编者，复命亡儿福苌补于书眉，又得千数百字，欲更会为一编。乃返国未久，苌儿病没。前年冬，始命儿子福葆检其遗书，助予校写。戊辰秋，付诸影印。盖距先兄为初编时，且四十又三年，予亦既老且衰矣！追维畴昔寓淮安面城精舍中，与兄同研席；在海东日，亡儿日侍左右，光景如昨。予乃以桑榆急景，揽卷校雠，濡翰辍辞，不禁老泪之横集也。戊辰九月。

《王忠悫公遗书》序

丁卯五月，王忠悫公效止水之节。予上其事于行朝，天子惊悼。既已褒扬其大节，海内外人士亦莫不惜其学术，竞为文字以哀挽之。公同学、同门诸君子复创立"观堂遗书刊行会"，以刊行公之遗书，请予总理董之役。予以忧患待尽之身恐不克竟其业，欲谢不敏，而义不可辞。乃以数月之力，将公遗书已刊未刊者厘为四集，次第付梓。冬十二月，初集告竣，乃序其端曰：公平生学术之递迁，予既于《观堂集林》序及公《传》中详之矣。而于公观世之识，未之及也，乃摘其论古今政学疏为公《别传》，而尚有未尽。今更举数事：方公游学日本时，革命之说大昌。予移书致公，谓留学诸生多后起之秀，其趋向关系于国家前途者甚大，曷有以匡救之？公答书言诸生骛于血气，结党奔走，如燎方扬，不可遏止。料其将来，贤者以陨其身，不肖者以便其私。万一果发难，国是不可问矣！时公同学闽中萨生均坡，与公同留学东京，亦入党籍。公以书见告，且谓萨固贤者，然性高明而少沉潜，彼既入籍，见所为必非之，惟背之则危身，从之而违心，迄见其居恒郁郁，恐以其夭天年也。已而萨生果夭如公言。予在海东，公先归国，英法学者斯坦因、沙畹诸博士邀予游欧洲列邦，予请公同往。将治任矣，而巴尔干战事起，公告公行期将待战后。公复书言：欧洲近岁科学已造其极，人欲与之竞进，此次战事，实为西政爆裂之时，意岁月必久长，此行或竟不果邪？后数月，予返沪江，沈乙庵尚书觞予于海日楼，语及欧战，予以公语对。尚书曰：然。此战后，欧洲必且有剧变，战胜之国或将益张其国家主义。意谓德且胜也。予曰：否。此战将为国家主义及社会主义激争之结果，战后恐无胜利国，或暴民专制将覆国家主义而代之，或且波及中国。尚书意不谓然，公独韪之。已而俄国果覆亡。公以祸将及我，与北方某耆宿书言：观中国近状，恐以共和始，而以共产终。某公漫不审。乃至今日，而其言竟验矣。惟公有过人之识，故其为学亦理解洞明。世人徒惊公之学，而不知公之达识，固未足以知公。即重公节行，而不知公乃知仁兼尽，亦知公未尽也！予故揭公佚事，以告当世。至公学术之鸿博浩瀚，世人皆知之，固不待予之喋喋矣。丁卯仲冬。

《辽居稿》序

岁在戊辰，为予自海东返国之十年。人事益乖，衰迟增感，浩然复有乘桴之志。爰遣朋旧卜地辽东，逮乎孟冬，结庐粗毕，遂携孥偕往，戢影衡门。辽东山海雄秀，暮春三月，草木华滋，此土人士载酒看花，殆无虚日。而我生靡乐，寤寐永叹。山静日长，摊书自遣而已。百余日间，遂得小文七十首。自避地以来，海内外知好多邮书存问，并征近著。乃编为《辽居稿》一卷，将以遗之。俾读此编者，如再见老学庵中灯火也。己巳冬，上虞罗振玉书。

《汉两京以来镜铭集录》序

　　光绪癸未，淮安之钦工镇耕者得汉人古冢，出楠木十余章，瓦瓴二，储五铢钱，满其中。予意必有他物，遣人购之，但得古镜一，文曰"家常富贵"。乃出千钱易之，此为予癖镜之始。已而遇同好中有藏弃者，辄手拓其文。十年间，得百余纸。三十客春申江，四十备官京师，积墨本益富，藏镜亦逾百。爰手录其文尤精雅者，拟为《古镜铭集》。未溃于成而国变作，频年琐尾流离，未遑及此。去冬居辽，乃出藏镜及墨本选付长孙继祖录之。由汉京至宋金，得百九十余，则为书一卷，并草《镜话》数十则附焉。回忆往昔在淮安面城精舍初治金石文字之学，年未及冠，此编之成，忽又四十余年。人事不常，朋好中同治斯学者皆为异物，则予之衰暮可知也。缀语卷端，为之慨叹。己巳十月。

《辽居乙稿》序

　　予自退隐辽东，初意遂弃逐末之学，拟每岁读群经一周，以求放心，以期寡过。乃结习未除，复有作述。庚午一年间，积所为文又得七十四首。儿子福葆惧其散失，手写成卷，并请印行。不欲重违其意，乃颜之曰《辽居乙稿》。自是以往，当屏除一切，专力读经，庶于身心有万一之裨乎？辛未二月，抱残老人书于扶桑町寓居之六经堪。

《辽居杂著》序

　　予居辽东既三月，始稍稍有所造述。并取在津沽时旧稿未完者，课儿辈写定。九阅月，间成《矢彝考释》《玺印姓氏征补正》《古镜铭集》《镜话》《蒿里遗文目录续编》《重校定〈和林金石录〉》《敦煌本毛诗校记》《〈帝范〉校补》《宋椠〈文苑英华〉残本校记》各一卷。影印既完，颜之曰《辽居杂著》。异日续有所撰，当次第刊之，以记旅居之岁月，不足言学术也。己巳十月晦，上虞罗振玉书于辽扶桑町寓居之双觽馆。

《辽居杂著乙编》序

　　弱龄志学，不贤识小，囿于训诂名物者，垂三十年。中更世变，翻然知悔，始从事于成己成物之学。闻道苦晚，皓首无成，亦差贤于冥行不返而已。频年奔走，余间结习未忘，间补订旧著，益以新知，复成书数种。儿辈录付手民，为《辽居杂著乙编》。自时厥后，当不复用力于此。爰志卷端，以讼吾过。癸酉仲夏，抱残翁书于辽东寓居。

《松翁未焚稿》序

予年十六始志于学，虽履境艰屯，而志气弥厉。私意方来岁月且久长，苟不致夭折者，于古人所谓"三不朽"之一或薄有成就。乃中更国变，转徙流离，日月逝于上，体貌衰于下，行年已六十有八矣。平昔所怀，百不偿一。皓首遁荒，仍终日蜷伏书丛中，与蠹鱼同生死而已。间作小文，不欲再存稿，儿孙辈顾以为可惜，编成一卷，予署其端曰《未焚稿》。盖予意虚耗岁月于此，固焚弃不足惜者也！癸酉端阳，抱残老人记于寓东寓居。

《劳尚书年谱》序

韧庵尚书与先府君订昆季之交，尚书之甥，又玉之从姊夫也，故两家为世好。同治丙寅，玉生于淮安寓居，公适游淮安，与于汤饼之会。嗣后公作宰近畿，光绪庚子岁始南归。玉年三十有五矣，始于沪江修谒。嗣是常得侍杖履。又十年，宣统元祀，公以四品京堂留京，玉亦备官学部，侍从尤密。辛亥冬，公任大学堂总监督，玉督农科。国变既作，玉避地海东，公则隐遁涞水，又移居曲阜，移青岛。迹日疏而神愈亲，书简往还，殆无虚月。又八年己未，玉归自海东，寓居津沽，岁或一再修谒，则公年将大耋，玉亦垂垂老矣。今年六月公既归道山，仲冬，笃文兄以公手订年谱至，属为校理。谨读一过，爰书数十年间与公交谊于端。至公平生为醇儒，为循吏，斥拳教于星火未燎之时，争法律于彝伦将斁之日，论政体于凶焰方张之世，古人所谓"不惑、不忧、不惧"，惟公当之无愧色，此则当世君子皆能知之言之，无待玉之琐琐也。辛酉十二月。

《后丁戊稿》序

予居辽东之岁，编在津沽时丁卯、戊辰两年之文为《丁戊稿》，厥后续刊者凡四编。自去岁悬车谢客，痰疾余生，一岁之中，病恒居半。意欲焚弃笔砚，不复更为文字。乃结习未忘，复得杂文六十一首，命次孙承祖编写为一卷。长孙继祖复于予往岁日记中得旧文未刊者二十一首。总得九十二首，颜之曰《后丁戊稿》。计去津沽时十年矣，而景迫桑榆，业不加旧，仍复为此无益，以遣有涯。抚膺自讼，良自恶夫！戊寅冬，贞松老人书。

《三代吉金文存》序

往在海东，亡友王忠悫公从予治古彝器文字之学。予以古金文无目录，劝公编金文箸录表。既竣事，公请继是当何作？予曰：前人考古彝器文字者，咸就一器为之考释，无会合传世古器文字分类考释之者，今宜为古金文通释。可约分四类：曰邦国，曰官氏，曰礼制，曰文字。试略举其凡：如古器所记，国名"燕"作"匽"、作"郾"，"郑"作"奠"，"芮"作"内"，"祝"作"铸"，"滕"作"塍"，"薛"作"肸"，"莒"作"筥"，"蘇"作"穌"、作"苏"，"邾"作"鼋"，"邶"作"北"，与《左》《国》诸书不同。又如官名"司空"之作"司工"，女姓之"任"本字作"妊"，"隗"本字作"媿"，"已"本字作"妃"。又金文所载射礼足考证《戴记》文字之繁变，通假、正俗多可订正许祭酒书。如是之类，姑略举可以隅反。公闻而欣然，方拟从事，乃遽应欧人之请返沪江。公既归，遗书曰：金文通释之作，沈乙庵闻之，亟盼其成。然沪上集书甚难，各家著录不易会合，与曩在大云书库中左右采获，难易不啻霄壤。某意不如先将尊藏墨本，无论诸家著录与否，亟会为一书。以后为通释，即此一编求之，不烦他索，成书较易矣。予于时至韪公言，顾未几欧战起，战后海东疫作，家人多抱病，乃携家返津沽。人事牵阻，未及从事，而忠悫遽完大节，乙庵尚书又先委化，著述之兴，不复能自振。及移居辽东，闭门多暇，又以限于资力，始课儿子辈，先将所藏金文之未见诸家著录者，编为《贞松堂集古遗文》，先后凡三编。夙诺仍未克践也。去年乙亥，马齿既已七十，慨念四十年辛苦所搜集，良朋所属望，今我不作，来者其谁？乃努力将旧藏墨本及近十余年所增益，命儿子福颐分类督工写影，逾年乃竣，编为《三代吉金文存》二十卷，寄海东精印，以偿夙志。而尚书与忠悫则已不及观成矣！至《通释》之作，不知炳烛余光，尚能继是而有成乎？是亦且委之不可知之数而已。抚今追昔，伤逝怀贤，揽素缀辞，曷胜凄感！丙子重九，贞松老人书于七经堂。

第二编　序与跋

《贞松堂吉金图》序

　　予平生无他好，图书以外，惟喜收集古文物。及丁国变，万念都绝，避地海东时，第以著书遣日而已。丁巳冬，曾取所蓄古彝器，编为《梦邦草堂吉金图》。其明年秋，取续得之器，别为续编。意谓金石之寿，有时不如楮墨，既为之编印流传，则器之聚散，当一任其自然，固不必私之一己也。及丁未返国，寓居津沽，目击民生憔悴，救死不瞻，苦不能出之水火而登之衽席，然亦思薄有以济之。既斥鬻旧藏书画名迹以拯京旗民族之颠连无告者，将继是而斥鬻古器以成吾志。顾海内物力实已虚耗，又当道慆淫佚乐之不暇，安知古器物者？用是所售，曾不及什一。洎甲子冬，值宫门之变，履境弥艰，饰巾待尽。已巳移家辽东，虽挟所藏与俱，幸舟车运输得无恙。然当是时，七尺之躯尚嫌疣赘，更何有乎长物？于旧藏既无意保存，宁复更求益。然往岁在津沽时，结习未能尽泯，尝于李山农后人许见静敦。爱其文字精且多，酬以重金致之吾斋。京津估人时挟器求售，间亦应焉。先后所得，复足偿所失。居辽六年间，颇闻洹水故墟出殷器至多而购求者稀，南北知好复远道寄示，且历陈商况之艰苦。予用是展转思维，曩者予谋斥旧藏以活人，所愿既不克偿，今兹所见，宜云烟等视，何注意为？顾念古物有尽，若不得所归，至可矜惜。且以是时购求，殆亦利济之一端。于是又得三代器百余品，秦汉以降器数十品。合以津沽所得，爰命儿子福颐编次为《贞松堂吉金图》三卷，而以三代及汉石刻各一，与唐封泥、宋木楬附焉。……（中略）既成，爰弁语简首，以示人生得失莫不有天焉，即物之聚散，亦有数存乎其间。予之于古文物，适然而得之，亦适然而存之，求损而适得其益，莫非任之自然。视世之计取力营，蒙于义利之辨，一意于得而惟恐其或失者，为有间矣。书之以告当世之读是编者。乙亥仲秋。

升文忠公《津门疏稿》序

　　光宣之间，予备官京师。于时革命之说大昌，朝议筹备立宪、改官制、各省设咨议局，以谋补救，而世论乃益猖獗。中外大吏钳口结舌，无敢出一言匡救之者，独陕甘总督升公以阻挠新政罢官，心焉异之，然无由识其人也。及辛亥国变，予避地海东。逾三年乙卯，公亦侨寓东京。一日邮所为诗文，遗书愿订交。予益惊异，乃至东京谒公于所居深田氏中野别墅，一见如旧交。始悉公当事变时，奉旨署陕抚督办军务，连克长武、永寿、邠州、醴泉、咸阳诸州县。顾当时边报不通，往在京师，不能详也。壬子三月罢兵，复走万里绝域，所谋辄阻而志气弥厉。畅谈凡三日，夕而别。濒行，公执手曰：异邦邂逅，吾道不孤！公年方逾壮，仆尚未甚衰，一息尚存，移山填海，此志不渝，与公共勉之矣！公寻复访予于京都。由是有所谋，辄相见。岁丙辰，公返国，寓青岛者八年。己未，予亦返国，寓津沽，每岁数往还。逮壬戌，公移居天津，主予家者七年，由是得与公朝夕相见。当大婚礼成后，公与予以入贺，得蒙召见，令得言事，公乃益感圣知。津沽密迩京师，因之得闻宫禁事。内纷外侮，日益迫切，公忧之甚。每有所闻，辄密疏陈奏，以图补益。故七年中疏凡十二上。或公自起草，或遣予代作，或一人具疏，或联名以闻，当道为之侧目，致以公与予为朋党，公弗顾也。今距公之殁七年矣，偶检巾笥，旧稿具存。因写为一卷，颜之曰《津门疏稿》，以公先是任甘督时《论新政疏》附焉。亡友王忠悫公受知于公，为公门人。其任南斋时二疏并附录卷末。一以志公眷眷君国，一以志当日之声应气求，如公所谓"吾道不孤"者。俾传之方来，不至泯灭。此则予之责也。编校既完，漫书简首，追怀畴昔，感慨系之矣。戊寅首夏。

《斗南存稿》序

予往岁寓居沪江，先后十年间，东邦贤豪长者道出沪上者，莫不联缟纻之欢。一日昧爽，方栉沐，闻打门声，甚急，凭楼栏观之，有客清癯，如鹤，当户立，亟倒屣迎之。既入门，出名刺，书"日本男子中岛端"。探怀中楮墨与予笔谈，指陈东亚情势，顷刻尽十余纸。予洒然敬之。濒行，约继见，询其馆舍，曰"丰阳馆"。翌日往访之，则已行矣。既旬余乃复来，言买舟吴越，已登会稽、探禹穴，立马吴山、泛棹石湖，遍游虎丘、天平矣。已而又曰：仆愿留禹域三年，能馆我乎？仆有三寸弱毫，不素餐也。予笑而诺之，因请其移译东文书籍。暇时出示所为诗文，雄直有奇气，其抱负不可一世。居年余，辞去。及予主苏州师范学校，君言沪上无可与谈，愿为君教授诸生，予复敬诺。乃未数月，又谢去。及予备官郎曹，君遗书言贵国两宫相继上宾，人言籍籍。公大臣也，宜抗疏请正袁世凯罪，宣示中外。否则手刃之，以泄敷天之愤。仆虽不武，愿袖短剑以从。予心益敬君。然予实小臣，不能副君望，以书复君，君意不怿。然于此益知君诚嵚奇磊落之奇男子矣。国变以后，与君久不相见。岁庚午，予避地辽东，君忽枉存，年逾七十而英迈不减少年。言返国后当再来，郑重订后期。乃不逾岁而君遽卒。闻君有洁癖，终身不近妇人，遗命吾死后速行火化，散骨灰于太平洋，当为鬼雄。异日有以兵临吾国者，当为神风以御之。家人谨遵其言。呜呼，君虽以韦布终其身，而无一日忘安危，洵东亚之烈丈夫哉！顷君之亲朋将印君遗稿，以予交君久，属为之序。爰记与君订交始末，揭之简端。至诗之雄直、俊伟，当世无与抗衡者，读君书自能知之，不待予之喋喋也。壬申十月。

第二编　序与跋

《冷吟诗集》序

　　予自津沽徙寓辽东，谓黑山白水，王迹所基，其间殆有命世之才，晦迹庸众，待时而动者。将访求其人，与商大事。乃先见宿将某，示以意。观其酬对，虽慷慨而中少诚意，舍之去已。又闻吉林参谋长熙公，任侠负奇禀，欲往见，求宝沈庵宫保为之介。或泥之曰：此公饮醇近妇，何见为？予曰：此安知非有托而逃以晦其迹耶？卒往见，则果磊落坦白，推襟送抱，与某宿将大异。因以平日所期者期之，且郑重订后约，逮柳条沟之变作，则去与公相见尚未逾年，亟携儿子于戎马纵横中再访公，理前约，且以成谋告公。果奋袂而起，首率诸将树立宏业。于是，世莫不知新邦之建立，公其首功也。近三年来，公入掌邦赋，出任方伯，王事贤劳，殊无暇晷。今年冬，乃谢省政，专部务，政事略简。爰取往岁任参谋长时与僚佐所为《冷杜倡和诗集》，付之梓人。由沈庵宫保传公命，责序于余，力辞不可，乃以一夕之力读之，知其悲天悯人，孤愤内激，不得已而寓之醇酒、妇人。予虽不知诗，然公之微恉，则可得而窥也。惟公平日以倜傥权奇自喜，而不喜儒酸。若予者固儒酸之尤，顾命之作序且不许辞，此殊不能得公意。意者殆以畴昔尚有一日相知之雅，如郭令公之于李青莲耶？因直书往事于简端，以塞公命。

《江苏师范学堂一览》序

　　光绪三十年夏，溧阳尚书移抚江苏，谋兴教育，不以振玉为不肖，命参与学务，兼监督师范学堂。爰朝夕佐公规画，四阅月而师范学堂立。今开校将匝岁矣！以溧阳尚书与继任效陆两中丞之提倡，教习之勤职，学生之攻苦励学，故成绩颇有可观，而玉亦幸得免尤焉。方今兴学之当亟，人人能知之，然以学生不靖为诟病，视管学堂为畏途者，又比比皆是也。此其故何哉？其咎将专在学生欤？抑在管理者耶？玉窃以为两者当交，尽而其责任则专在管理者矣。管理之责在辅助学生之自治，当相学生开进之程度而斟酌以施其教。行已务勤察，执法务公严，临事务速断，而一行之以至诚。如是而法纪有不明，成绩有不良者，玉未之信也。玉自受职迄于今，兹本堂规模虽略具，管理虽幸免尤戾，而不能无憾焉者，则学生未能符定额，与夫待施设之事甚多，而窘于财力，不能汲汲以竟其功是也。今海内育才如恐不及，病深蓄艾，已苦其晚。况于养成师范，更为教育根元中之根元乎？玉昨既以推广之说迫切陈于巡抚陆公矣。若不得请行，且乞去。故亟叙述开校以来所设施为《师范学堂一览》，并将玉所希望推广各项而未能遽遂者，一一陈其办法以告继我任者赓续之图。并愿我诸生益敦其行而勉其业，俾诸教习得竟其教授之功，俾是堂巍然为东南诸学之冠。此玉之大愿而夙夜所祷祈者也。光绪三十一年九月。

《佣庐日札》序

予居京师三年，杜门不通干谒。曹务余间，颇得温习旧学，间与二三同好讨论金石书画以自遣。厂肆知予所好，每以吉金古刻名迹善本求售，顾以食指繁多，俸不能给朝夕，故所见不少而所得良啬。然斋头壁上往往留玩浃旬，是亦不啻我有矣！又每就观友人藏弄，见闻所及，暇辄随笔记之，日久积稿狼藉。比冬寒，人事益简，乃略加类次，手自写定，颜之曰《佣庐日札》，以诒好事者。且以志吾之枉抛日力，为可惜也。光绪戊申岁暮。

《云窗漫录》序

宣统辛亥冬，予既避世海东，得圣祖仁皇帝御书"云窗"二字横额，张之寓楼，晨夕瞻对，坐起其下者，七八年。每于是刊订古遗籍，或终日足不履地。予之"云窗"，盖即顾云美处士之"松风寝"矣！今年夏，拟编写平生所藏古今书画录，于此以销永昼。录分六目，曰《天章》，敬记列圣宸翰；曰《玉梳》，记石渠旧藏之落人间者；曰《景行》，载古名臣大儒忠臣孝子独行遗老之作；曰《资闻》，以录前贤词翰图像简牍之有裨问学者；曰《书录》、曰《画录》，则专载哲匠宗工之制作。予为此录，欲一变前人谱录之体。盖书画者，观感之所系，学术之所资，非徒供人玩好已也。寻以家人抱病，问医寻药，讫不果成。比秋夜方长，病者渐起，乃就《景行》、《资闻》二录中品物，日写定一二，课儿子辈录之，久而成帙，颜之曰《云窗漫录》。此录之旨与近日言鉴藏者固未必尽合，然以美人伦、厚风俗下之，亦为多闻博学之资，则此编无多让焉。当世君子倘亦览而许之乎？戊午冬腊。

《陆诗授读》序

予六岁入塾即受毛诗，顾仅塾师为授章句，不能明其义也。八岁听师为长兄讲授，乃粗明诂训。读《大序》"诗者，志之所之也，在心为志，发言为诗。情动于中而形于言，言之不足故嗟叹之，嗟叹之不足故永歌之，永歌之不足，不知手之舞之、足之蹈之也。情发于声，声成文谓之音。治世之音，安以乐其政和；乱世之音，怨以怒其政乖；亡国之音，哀以思其民困。故正得失、动天地、感鬼神，莫近于诗。先王以是经夫妇，成孝敬，厚人伦，美教化，移风俗"，始知诗教之由兴与诗之体用盖如此。及年十二，业师罗彦林先生授予《唐诗三百首》，乃当时家塾习用之本也。予读之，觉其与《大序》所论诗旨，合者一二，不合者恒七八。以质之师，师大其问，顾对以"汝年尚幼，姑缓其时乃可语汝"，予讶其不见答，灯下以语先大夫。先大夫曰：师大汝问而缓其答是也。因取案上《浣花》《剑南》两集以赐，曰：汝读此，久自得之。予受两集，昕夕披览不去手，久乃返而观之师所授，乃恍然曰：古今立辞之得失，殆诚与伪所由兮欤？古人本乎性情之正，为身世遭遇所感触而倾吐其胸中所蓄，其立言也。诚后世则以此为羔雁充行卷应制科，否则亦以博风雅之名，故模袭前人，依傍门户第，求工拙于字句之间，争得失于声调之末，情不发乎中而出于外，袭此所谓伪也。今读《浣花》、《剑南》诗，所谓别裁伪体、亲风雅与古者六义、四始之旨，古今出一辙矣。将以此质之师而未敢。及年十六，返里应童子试既竣，侍先大夫北归。父执萧山单棣华、广文（思溥）附舟至吴门，日与先大夫论诗谈艺。先大夫忽问予，往者授杜、陆两集必已熟读，汝往者之疑，已涣释否？予乃以所知对，广文倾听，为之莞尔。先大夫又问，两家诗汝试举汝最服膺之章句为何？予对曰：杜诗"致君尧舜上，再使风俗淳"，陆诗"外物不移方是学"，窃慕斯语。广文瞿然执予手，贺先大夫曰：此子异日成就必远大，不可以儒生限之。寂寞人寰，何幸得此小友！将拭目以俟之矣！予因往者所集陆诗"外物不移方是学，百家屏尽独穷经"二句，求广文作楹帖，广文欣然命笔。此予童年所得于庭训与父执所期许者如此。今回溯往事，匆匆垂六十年，自愧毕生无所树立，而其事则可以诏我后人。予既手录杜诗百余篇以授长孙继祖，更录放翁诗二百余首，为《陆诗授读》，而书童年所致疑、所渐悟之往事于卷端。继祖于此，其晓然于古今诗家得失之故与诗之所以为教也夫。

《车尘稿》序

予自戢影辽东，饰巾待尽，顾卷施不死，胸中尚有未了之事在。乃复奔走道途，不遑安处，每眷怀身世，忧来无端。北门之诗，古今同慨。偶亲笔研，间作小文，日月所积，得八十三首，爰颜之曰《车尘稿》。俾读吾文者，知垂暮衰翁尚耗日力于轮铁蠹简中也。

《殷商贞卜文字考》序

　　光绪己亥，予闻河南之汤阴发见古龟甲、兽骨，其上皆有刻辞，为福山王文敏公所得，恨不得遽见也。翌年，拳匪起京师，文敏殉国难，所藏悉归丹徒刘氏。又翌年，始传至江南。予一见，诧为奇宝，怂恿刘君亟拓墨，为选千纸付影印，并为制序。顾行箧无藏书，第就《周礼》《史记》所载略加考证而已。亡友孙仲容征君（诒让）亦考究其文字，以手稿见寄，惜亦未能洞析奥隐。嗣南朔奔走五六年来，都不复寓目。去岁东友林学士泰辅始为详考，揭之《史学杂志》，且远道邮示，援据赅博，足补正予曩序之疏略。顾尚有怀疑不能决者，予乃以退食余晷，尽发所藏拓墨，又从估人之来自中州者，博观龟甲、兽骨数千枚，选其尤殊者七百。并询知发见之地乃在安阳县西五里之小屯，而非汤阴，其地为武乙之墟。又于刻辞中得殷帝王名谥十余，乃恍然悟此卜辞者，实为殷王朝之遗物，太卜之所掌。其文字虽简略，然可正史家之违失，考小学之源流，求古代之卜法。爰本是三者，以三阅月之力为考一卷，凡

林君之所未达，至是乃一一剖析明白，乃亟写寄林君，且以诒
当世考古之士。惜仲容墓已宿草，不及相与讨论，为憾事也。
宣统二年夏。

日本古写本《华严音义》跋

　　予二十年前寓居海东，尝与内藤湖南博士访老友小川简斋先生于大阪。简斋富收藏，出示古写本《华严经音义》二卷，书迹古健，千年前物也。中多引古字书，而间载倭名，知为彼土学者所作，非慧苑著也。与湖南皆以为惊人秘籍。因与商写影以传之艺林，简斋翁慨然许诺。乃欧战后疫疠起，予匆匆携家返国，遂不果写影。未几而翁捐馆舍，又十余年，博士亦修文天上，前约几不可复寻矣。乃闻翁后人克承家学，所藏均完好，爰请羽田大学校长亨为之介，重申前约，再得请，于是斯编乃得流传人间。影印既完，谨记始末，以志小川翁两世之嘉惠，并记羽田校长之介绍，以告读是书者。庚辰开岁之十四日。

《本朝学术源流概略》序

戊辰冬，由津沽移居辽东，戢影海隅，意且屏绝人事。今年春，海东友人松崎君柔甫邀余讲学，请有之上公及蟫庐学部为之介。自维忧患余生，学殖荒落，初未敢承，以二君怂恿，乃勉应，以讲本朝学术概略而先之以历代学术变迁。此其讲稿也。顽夫之言，未必有当，亦摅其一得之愚而已。诸君子幸裁正之。庚午夏。

《雪堂所藏金石文字簿录》序

宣统辛亥冬，予既携家浮海，赁屋于日本京都田中村，明年卜筑于马场桥。其地密迩东山，风景幽胜，然闭门无以遣羁怀，故每岁辄一再至沪江访朋旧。丁巳夏，苦热不可就舟车，乃逭暑蕉窗下，命亡儿福苌捡所藏石刻，比较新旧本异同以遣日。率日校数碑，由亡儿手记之。尚未及半而秋风起，遂阁置巾笥。明年春而疫作，家人多抱病，亡儿病尤剧。郁郁无所寄怀，欲续未竟之绪。以问医量药，方寸不能专一，乃至六朝而止。及己未返国，再逾年而儿亡。以此稿半为亡儿手迹，不忍启视，益以人事旁午，李唐以后亦未及续校。旧稿将以飨蠹，乃友人劝以既成之稿先付影印，且徐谋补校。乃勉徇其请，录付手民，则亡儿之墓木已拱，予亦日就衰病。续成之事，殆不可期。展览此书，追思畴昔，为之泫然。丁卯六月。

《松翁近稿补遗》跋

　　乙丑仲冬，既写定《近稿》，得文六十二首。残冬长夜，万感交萦，烛烬更阑，往往不寐，则披衣复兴，披览金石文字以待旦，间作跋尾。比及岁除，得文八首，爰附刊《近稿》之末，以示予耗日力于此，为可惜也。丙寅岁朔。

《雪堂校刊群书目录》跋

　　不佞夙抱传古之志，凡古人遗著未刊者及旧刊罕传者，尝欲鸠合同志，创流通古书会以刊传之。顾数十年来，同好聚合不常，益以世变，此愿竟不获偿。辛亥以后，索居无俚，万事无可为，乃慨然以一人之力任之。十余年间得书二百五十种，意所欲刊者尚未及半，而资力则已竭矣。戊辰冬，命儿子福葆写书目，附印《增订碑别字》之后。世有以长塘之鲍、金山之钱、南海之伍拟我者，则予兹愧已。

《亡儿遗著目录》跋

亡儿福苌既委化，其遗书键置巾笥，不忍寓目。既逾月，静安书来，言沈乙庵尚书悼儿卒，每言及辄涕出。并言将为志墓以传之，属写遗著目录。乃命季儿写此邮寄。再越岁，为刻《经题录存》，乃附刊此目。将为之次第，写定以付手民。并取尚书所撰碣铭及静安征君所撰亡儿妇碣铭，附刻于后，俾姓名得传于人间，以塞予之悲焉。癸亥夏。

《辽海吟》序

予不工韵语，少日所作，辄随手弃去。岁在辛未，一年间乃得诗三十首，儿子辈录存箧衍。衰年望治，情见乎辞，虫鸟之吟，非求倾听，过而存之，以志我身世之悲而已。松翁。

罗振玉

第三编
学术主张

自述

本朝学术源流概略

戊辰冬，由津沽移居辽东，戢影海隅，意且屏绝人事。今年春，海东友人松崎君柔甫邀余讲学，请有之上公及蠛庐学部为之介。自维忧患余生，学殖荒落，初未敢承，以二君怂恿，乃勉应以讲本朝学术概略，而先之以历代学术变迁。此其讲稿也。顽夫之言，未必有当，亦摅其一得之愚而已。诸君子幸裁正之。庚午夏上虞罗振玉记。

第一章　古今学术之递变

中国学术越三千年之久，固不能无变迁。论其大要，则由易简而日趋繁复，因繁复而渐昧本原；义世治平则政教一，政教衰则师儒兴。今讲本朝学术，当先述历代之变迁。约分六端，略陈如下。

一、古人之所谓学

古人为学，不出伦常日用，本易知易行，而上之施教亦至简至易，盖因物则民彝之所固有而裁成之。孟子称三代之学，一言以蔽之曰"明人伦"。非三代为然，三代以上莫不皆然。其在《尚书·尧典》所谓"五典"、"五品"者皆谓五常，即"父子有亲、君臣有义、夫妇有别、长幼有叙、朋友有信"五达道是也。古之所谓学，盖如是而已。

二、三代政教合一

古之治天下者，作之君，作之师，政教合一，载之《尚书》与《周官》。《舜典》记舜之施教也，曰命伯夷典礼、夔典乐。礼主敬，乐主和；礼以制人身，俾不流于放荡，乐以和人心，俾不入于邪僻。所施至简。有周之教，则制定家塾、党庠、术序、国学。小学之教，由数与方名书计幼仪进而学乐、诵诗、舞勺、舞象；大学则教以三德、六艺。《尚书大传》言入小学知父子之道、长幼之叙，入大学知君臣之义、上下之位。是有周之教亦非繁难。惟其政教合一，故其盛也，《菁莪》赋而人才兴；其季也，《青衿》赋而学校坏。于是孔子兴而师儒起矣。

三、儒教勃兴

孔子生周室东迁以后，于时王室式微、政教陵替，臣弑其君者有之，子弑其父者有之。孔子有德无位，然伤人道之漓，乃祖述尧舜、宪章文武，删《诗》《书》、正《礼》《乐》以待后王之取法。又因鲁史而作《春秋》，褒善贬恶，以垂法戒，因褒贬为天子之事，自嫌于僭，故有"知我"、"罪我"之叹。设教洙泗，从游三千，通六艺者七十二人，俾先圣之大经大法不坠于地。其教人也，以文行忠信，而一准之以中庸。孟子嗣兴，复昌孔子之说，后王法之，乃卒拨乱世而反之正。二千年来，有天下者循孔、孟之道罔不兴，背之罔不亡。于是儒教遂为万世准则，为治天下者所莫能废矣。

四、周秦间诸子学说

春秋以降，逮于七国，世衰道微，学者竞起，谋矫社会之弊恶，以时君苛暴扰民，而庄老清净之说兴；因世风薄、贼民兴，而申韩刑名之说起；愤世人之自私自利，而墨氏倡博爱；愤世人之同流合污、徇人阿世，而杨氏倡贵我。在欧洲之治东方史者，以周秦之际为中国思想最发达之时期。而自儒教观之，则谓之异端。盖矫枉而过乎正，大《易》所谓"失之毫厘，差以千里"，极其弊害之所至，将大害于人类。故孟子拒杨墨，至以为无父无君近于禽兽，比之洪猛。至儒术则依乎中庸，不偏不易，万世由之而无弊，四海推之而皆准。是以周秦诸子之学或言而不能行，或行而不能久，至今仅存留一种之学说。儒者之道，则如日月经天、江河行地，人类一日不减，圣道一日不亡也。

五、两汉至隋唐间儒学兴废

自嬴秦并六国，烧诗书、坑术士、重法吏，二世而亡天下。及炎汉兴，高祖十二年行过鲁，以太牢祀孔子，为两汉尊崇儒术之始。于时人民始离汤火，以黄老为治，务清净以息民。然黄老之治不可久也。孝文始置五经博士，武帝大合天下之书，表章六经，废黜百家，孝宣论六经于石渠，儒学一时称盛。然当世若公孙弘、张禹、孔光诸人，虽以儒学致三公，而脂韦阿世，袭儒之名而亡其实。至于刘歆，遂佐莽篡汉，班固《儒林传赞》以当时儒术之盛由于禄利，洵知言矣。光武中兴，首崇儒学，史臣称其东西诛战、不遑启处，然犹投戈讲艺、息马论道。建武五年营起太学，车驾临幸。明帝游意经艺，每飨射礼毕，正坐自讲，诸儒并听，多召名儒以充礼官。章帝东巡至鲁，祀孔子。于是教化昌明，朝野竞奋。虽桓灵之世，朝政昏浊，国是日非，而党锢之流、独行之辈依仁蹈义，舍命不渝，范蔚宗谓是时权强之臣息其窥盗之谋、豪俊之夫屈于鄙生之议，所以倾而未颓、决而未溃，皆仁人君子心力之为。其言至允。至魏武重才轻行，其下诏求贤，至欲得盗嫂受金而未遇者，于是风俗丕变。三国鼎立，未遑礼乐，人心日漓。司马代魏，崇尚老庄，弃经典而尚清谈，卒致五胡之乱。逮乎六朝，南北分立，争伐不休，民生朝不保暮，乃乞怜于释老。儒学再厄。迄隋氏统一南北，而重文学、轻儒术，一传而亡。隋之末季，文中子讲学河汾，以儒为教。李唐之兴，其弟子多致卿相，遂启三百年文明之运。太宗御宇，命孔冲远等为五经正义，儒学再昌，得人称盛。元宗中衰，羯胡倡乱，天下土崩，而二颜倡勤王之师，张许奋死绥之节，卒致恢复两京、神器不坠，乌得谓非儒术之效哉？

六、宋元明之学术

李唐以后，中更五季之乱，置君等于奕棋，臣节于焉扫地。宋艺祖即位之初，首褒韩通，洎平北汉，复释卫融，以励臣节，是为尊崇名教之渐。至真宗咸平二年，命邢昺、孙奭等校诸经疏义。仁宗庆历四年，诏天下州郡立举，作太学于京师，于是周（敦颐）、程（颢、颐）、胡（瑗）、张（载），大儒辈出，以昌明正学为己任。故靖康之变，志士投袂勤王，临难不屈。南渡之初，朱文公复奋起于诸贤之后，讲道论学，盛极一时。濂洛之风，上承洙泗，及宋之亡，忠节相望。元世祖起朔汉，及主中夏，景慕儒风，以至元二十四年置国子监，设江南各路儒学提举司，召许衡为国子祭酒。成宗加封孔子大成至圣，虽享国不久，而亡国之际，忠义之士如李黻、余阙、泰不花、福寿之死绥，察罕贴木儿之义师扩廓之始终故主，亦儒效所致矣。明太祖崛起草莽，因孟子有"草芥"、"寇雠"之说，至删节《孟子》，欲罢其祀。成祖革除，屠戮忠良，至夷十族，而当世士夫则被濂洛遗泽，秉节不回，九死无悔，大儒辈出，若薛（瑄）、吴（与弼）、王（守仁）、吕（柟）、陈（献章）、湛（若水）、邹（守益）、罗（洪先）等相承不绝。至于末叶，东林诸贤聚徒讲学，虽神宗之世，奄寺横行，流毒天下，诛锄正人，榜掠朝士，乃臣节愈励、士气益张。逮于亡国东南，义师蜂起，延十余年始定。昔怀宗殉国，自叹有君无臣。而平心论之，有明一代君德除怀宗死社稷外，他无一可称，而士夫崇尚节义，先仆后继，则亘古所无。宋儒讲学之功，虽易代而效愈彰。儒术之功，顾不远且大哉！

以上所述历代学术之递变，可得概略。大率两汉以行取人，若孝弟力田、贤良方正、经明行修、孝廉诸科尚未失古制，至博士授业，一依家法，由训诂名物典制以求经义为学，亦未甚繁难。故《汉书·艺文志》所载典籍无多。至隋唐以降，典籍愈多，学愈繁复，士子束发受书，至于皓首，或尚不能穷一艺。又以文取士，去行益远，殊失古人为学之本原。宋儒崛起，一矫汉唐以后重文轻行之失，由博而反之约，流风所被，下逮元明，师儒之功，顾不伟哉！

明季大儒顾亭林氏有言："自古有亡国，有亡天下，亡国与亡天下奚以辨？曰：易姓改号谓之亡国，仁义充塞而至于率兽食人、人将相食谓之亡天下。知保天下，然后知保其国。保国者，其君其臣肉食者谋之。保天下者，匹夫之贱与有责焉。"亭林氏所谓匹夫有责者，师儒是也。其界说本自明白，君子素位而行大义，名分不敢稍越，非天子不议礼、不制度、不考文。有德无位，不敢作礼乐。以孔子之至圣，亦祖述先王之道以法后王已耳。其因鲁史作《春秋》尚以褒贬有出位之嫌，而有"知我"、"罪我"之叹。后世妄人遂以孔子为素王改制，其犯上作乱者至引亭林氏"匹夫有责"之言为口实，皆名教之罪人，大悖师儒之义者也。并附识之。

第二章　本朝学术之渊源

本朝开国之初，世祖章皇帝以政刑所以齐民，而教化实为宰治之根源，故干戈甫戢，即发内帑金三万修葺孔庙，亲临国学。圣祖仁皇帝既临雍讲学，复临幸阙里，亲祭先师，行三跪九叩礼。世宗宪皇帝两临太学，行释奠礼；曲阜孔庙灾，发帑重修，盖以黄瓦，益崇其制，并修缮孔林。高宗屡幸曲阜，致祭先师，复于国学诏建辟雍，亲临释奠，置孔庙祭器，送阙里陈设，并饬直省修文庙祭器、乐器诏，国学大成门大成殿用黄瓦。仁宗、宣宗并再临太学，一遵祖制。德宗时，升孔子为大祀，崇儒重道，遂成一代文明之治。提倡学术，厥端非一，分述如下。

一、圣学、圣制

世祖入关戡乱，甫奠邦基，且临御仅十有八年，顾践阼未几，即于文华殿开经筵，遴选词臣，充日讲官。故圣学缉熙光明，以孝为百行之本，钦纂《孝经注》，复命儒臣撰次经史诸子粹言之关政治者为《资政要览》，以资借镜，撰《人臣儆心录》八篇以戒百寮，撰《内则衍义》十六卷、《劝善要言》一卷以教士民。诸书虽由儒臣纂辑，而躬自裁定，刊刻须行。圣祖嗣位，日御经筵，钦撰《戒士子文》班天下学宫以教士，颁圣谕十六条以教齐民。三藩之乱既定。天下无事，大开文馆，深宫之中，读书不辍。御批《通鉴纲目》，论断精详，折中至当。御制《数理精蕴》沟通中西，集数学之大成。盖圣祖以上圣之资，穷天人之奥，上自经史六艺，下逮百家众流，靡不兼综并贯，作君作师，一人兼之，不仅为历代帝王所未有，即本朝儒林、文苑诸大师，莫非分圣学之一体而已。世宗缵统，钦撰《孝经集注》一卷，推衍圣祖圣谕十六条为《广训》，以教天下。命儒臣撰辑《执中成宪》以自鉴，撰《训饬州县规条》以戒民牧，复记述圣祖庭训为《庭训格言》。高宗在青宫时，撰《日知荟说》，临御以后，御批《通鉴辑览》，于政治穷究得失，万机之暇日，与儒臣讲贯，复命乾清门侍卫阿弥达往青海穷河源，命江兰探淮源、命秦承恩赴泾渭发源地以考二水之清浊，此均前代帝王之所未有。迨仁宗以降，列圣相承，典学不倦，由圣祖逮于宣宗，御制诗文集记载鸿博，大而武功文治，细而一名一物，包并靡遗，裨益国故，亦非历朝帝王之集所可比拟。圣学如此，故风行草偃，文化覃敷，此本朝学术之渊源一。

二、开著作馆

自顺治朝始饬儒臣撰述，并开《明史馆》为本朝命儒臣撰述及开馆著作之滥觞。及康熙朝，首诏儒臣纂注群经，复开《图书集成》馆，造端宏大。乾隆朝，开《四库全书》馆、《三通》馆，复采辑《永乐大典》中逸书，直至光绪朝增修《会典》，垂三百年，几未尝辍业。凡钦定之书至数万卷，盛德大业为亘古所无。诸馆大率以翰林充撰辑，而以亲王及大学士领之，故本朝儒林、文苑诸大师出于翰林院者十七八，在草野者十二三而已。此本朝学术之渊源二。

今将本朝御制、钦定各书除关于国史若实录方略、关于政书若各部则例等书外，其关学术者分四部列表如左。

朝代	经	史	子	集
世祖朝	《御制孝经注》一卷；《御制内则衍义》十六卷；《御纂易经通注》四卷		《御制资政要览》三卷；《御制劝善要言》一卷；《御制人臣儆心录》二卷	
圣祖朝	《御纂周易折中》二十三卷；《御纂孝经衍义》一百卷；《钦定日讲易经解义》十八卷；《钦定日讲书经解义》十三卷；《钦定日讲诗经解义》六十四卷；《御纂日讲春秋解义》六十四卷；《御纂日讲四书解义》二十六卷；《钦定书经传说汇纂》二十四卷；《序》二卷；《钦定诗经传说汇纂》二十卷；《序》十卷；《钦定春秋传说汇纂》三十八卷；《钦定经庭讲章》四卷；《钦定篆文六经四书》五卷；《御制律吕正义》四十八卷；《御纂康熙字典》十二卷；《御纂音韵阐微》五卷；《御纂佩文斋诗韵》二十一卷；《御纂清文鉴》二十卷；《御纂清文合蒙古鉴》三十卷	《御批资治通鉴纲目》一百四卷；《御纂月令辑要》二十四卷；《御纂历代年表》一百卷；《钦定皇舆表》十六卷；《钦定清凉山新志》；《钦定日讲通鉴解义》；《钦定绎史》一百六十卷	《御制庭训格言》一卷；《御纂性理精义》十二卷；《御纂朱子全书》六十六卷；《钦定清汉文小学》一卷；《御纂历象考成》四十二卷；《御纂数理精蕴》五十三卷；《御纂星历考原》六卷；《御纂钦若历书上编、下编》十卷；《御纂三元甲子编万年书》；《御纂子史精华》一百六十卷；《御纂渊鉴类函》四百五十卷；《御纂佩文韵府》四百六十卷；《御纂骈字类编》二百四十卷；《御纂分类字锦》六十四卷；《御纂佩文斋书画谱》一百卷；《御纂佩文斋高广群芳谱》一百卷	《御制文集》四十卷，《二集》五十卷，《三集》五十卷，《四集》三十卷；《御制避暑山庄三十六景诗》；《御制耕织图诗》四卷；《钦定干叟宴诗》；《御选古文渊鉴》六十四卷；《御纂历代赋汇》一百八十二卷；《御纂全唐诗》九百卷；《御选唐诗》三十二卷；《御选四朝诗》三百一十二卷；《御纂全金诗》七十二卷；《御纂佩文斋咏物诗选》四百八十卷；《御纂历代题画书诗类》一百二十卷；《御选历代诗馀》一百卷；《御纂词谱》四十卷；《御纂曲谱》十四卷；《钦定全唐诗录》一百卷；《钦定读书书纪数略》五十四卷

朝代	经	史	子	集
世宗朝	《御制孝经集注》一卷;《钦定满汉合璧孝经》一卷;	《御制圣谕广训》;《钦定八旗通志》二百五十卷;《钦定训饬州县规条》	《御纂执中成宪》八卷;《御纂古今图书集成》一万卷	《御制文集》三十卷;《御制朋党论》;《御选悦心集》四卷
高宗朝	《御纂周易述义》十卷;《御纂诗义折中》二十卷;《御纂周官义疏》四十八卷;《御纂仪礼义疏》四十八卷;《御纂礼记义疏》八十二卷;《御纂春秋直解》十二卷;《钦定清汉合璧易经》四卷;《钦定翻译书经》六卷;《钦定翻译礼记》三十卷;《钦定翻译春秋》六十四卷;《钦定翻译四书》六卷;《钦定律吕正义后编》百二十卷;《钦定诗经乐谱全书》三十卷;《御纂乐律正俗》一卷;《御纂音韵述微》一百六卷;《御纂叶韵汇辑》十卷;《钦定增订清文鉴》四十八卷;《御纂满汉蒙汉三合切音清文鉴》三十三卷;《御纂西域同文志》二十四卷;《御纂同文韵统》六卷;	《钦定明史》三百三十六卷,《目录》四卷;《御纂通鉴纲目三编》四十卷;《御批通鉴辑览》一百十六卷,附《明唐桂三王本末》四卷;《钦定订正通鉴纲目续编》二十七卷;《钦定补纂明史本纪》二十四卷;《御定评鉴阐要》十二卷;《御纂辽金元三史国语解》四十六卷;《钦定满洲源流考》二十卷;《钦定续通鉴》一百五十卷;《钦定续通志》六百三十卷;《钦定续文献通考》二百五十卷;《钦定皇朝通典》一百卷;《钦定皇朝通志》一百卷;《钦定皇朝文献通考》三百卷;《钦定大清会典》一百卷,《事例》一百八十卷;	《御制日知荟说》四卷;《钦定经史讲义》二十八卷;《御纂古今储贰金鉴》六卷;《御纂仪象考成》五十三卷。《后编》;《御纂协纪辨方书》三十六卷;《御纂天文正义》八十卷;《钦定万年书》三十二卷;《御纂医宗金鉴》九十卷;《钦定四库全书总目提要》二百卷;《钦定四库全书考证》一百卷;《钦定四库简明目录》二十卷;《钦定天禄琳琅书目》十二卷;《钦定校正淳化阁帖释文》十卷;《钦定三希堂法帖释文》;《钦定石渠宝笈》四十卷,《续鉴》四十一卷,《续编》;《钦定西清古鉴》四十卷,《附录》二十卷;《钦定西清续鉴》甲编二十卷,《乙编》二十卷;	《御制乐善堂全集定本》三十卷;《御制文初集》三十卷,《二集》四十四卷,《三集》四十卷,《四集》三十六卷;《御制诗初集》四十四卷,《二集》九十卷,《三集》、《五集》各一百卷,《四集》一百卷;《御制诗余集》二十卷;《御制十全集》五十四卷;《御制全韵诗》五卷;《御制圆明园四十景诗》;《御制盛京赋》;《御制水嬉赋》;《御选唐宋文醇》五十八卷;《御选唐宋诗醇》四十七卷;《御纂皇清文颖》一百二十四卷;《钦定四书文》四十一卷;《钦定千叟宴诗》三十六卷;《钦定重举千叟宴诗》三十六卷;《钦定补绘离骚全图》二卷;

续表

朝代	经	史	子	集
高宗朝	《钦定清汉对音字式》一卷； 《钦定乐律全书》； 《钦定琴谱》	《钦定大清通礼》五十卷； 《钦定皇朝礼器图式》十八卷； 《钦定满洲祭神祭天典礼》六卷； 《钦定大清律例》四十七卷； 《钦定国朝宫史》三十六卷； 《钦定词林典故》八卷； 《御纂历代职官表》七十二卷； 《钦定皇朝职贡图》九卷； 《钦定明臣奏议》四十卷； 《钦定皇清奏议》； 《钦定胜朝殉节诸臣录》十二卷； 《钦定大清一统志》三百五十六卷； 《钦定盛京通志》一百三十卷； 《钦定热河志》一百二十卷； 《钦定八旗满洲氏族通谱》八十卷； 《御纂满洲源流考》二十卷； 《钦定蒙古源流》八卷； 《钦定日下旧闻考》一百六十卷； 《钦定皇舆西域图志》四十六卷； 《钦定盘山志》十六卷； 《钦定清凉山志》二十二卷； 《御纂河源纪略》三十五卷； 《钦定国子监志》六十二卷	《钦定宁寿鉴古》十六卷； 《钦定秘殿珠林》二十四卷； 《钦定西清砚谱》二十四卷； 《钦定钱录》十六卷	

朝代	经	史	子	集
仁宗朝		《钦定明鉴》二十四卷;《钦定续修大清会典》八十卷、《图》四十六卷、《事例》九百二十卷;《钦定国朝宫史续编》一百卷;《钦定词林典故续编》六十卷;《钦定人瀛通志二集》三百五十四卷	《钦定授时通广训》二卷;《钦定石渠宝笈三编》	《御制咏除书全集定本》四十卷,附《随笔》二卷、《御制诗初集》四十八卷、《二集》六十四卷;《御制制诗统述圣制全集》;《御制清宁诗》二卷;《御制全唐诗》;《钦定全唐文》一千卷;《钦定皇清续诗文颖》一百二十卷;《钦定熙朝雅制颂集》一百三十四卷
宣宗朝		《钦定大清通礼》《续纂》五十三卷;《钦定新疆识略》十二卷		《御制养正书屋全集定本》四十卷、《续集》;《御制诗初集》二十二卷、《馀集》六卷;《御制文初集》十卷、《馀集》二卷;《御制巡幸盛京诗》
文宗朝	《钦定满汉文文学衍义》			
穆宗朝			《钦定满蒙汉文圣谕广训》;《钦定治平宝鉴》	《御制文集》十卷、《诗集》六卷
德宗朝	《钦定书经图说》五十卷	《钦定增修大清会典》一百卷、《图》二百二十卷、《事例》一千二百二十二卷、《图》一百三十二卷		

第三编　学术主张

右表所举尚有未备，或未知其卷数，然已得二百四部二万六千六百余卷，合历代千余年官撰之书亦不能得此数，可谓极亘古所未有矣。

三、搜缉遗书

自乾隆六年正月，诏访求遗书，凡元明诸贤及国朝儒学研究六经、阐明性理、潜心正学、醇粹无疵者，虽业在名山、未登天府者，著直省督抚学政留心采访，不拘刻本、钞本，随时进呈。至三十八年二月安徽学政朱筼条奏搜缉遗书，诏依其请，三月以进书寥寥，谕内阁凡民间所者藏书无论刻本、写本皆官为借钞，仍将原本给还，当严饬地方官，勿假手吏胥，藉名滋扰，着传谕各督抚予以半年之限，陆续奏报。是月又谕军机大臣，令访之江浙藏书家，并向苏州山塘书铺、湖州书船善为咨询，详加物色。五月甲戌，因江浙督抚、两淮盐政等奏到购求呈送之书已不下四五千种，并有藏书家将所有旧书呈献者，谕内阁藏书家将珍藏善本应诏汇交，深可嘉尚，俟校办完竣日仍行发还原献之家。三十九年五月丙寅谕内阁，凡进书百种以上者，择其中精醇之本进呈乙览，几馀亲为评咏，题识简端，其已经题咏者，书馆先行录副，即将原书发还，俾收藏之人益增荣幸。并因鲍士恭、范懋柱、江启淑、马裕四家献书至五六七百种，赏《古今图书集成》各一部，以为好古之劝。进书百种以上之周厚堉、蒋曾莹、吴玉墀、孙仰曾、汪汝瑮，及朝绅中黄登贤、纪昀、励守谦、汪如藻等，每人赏《佩文韵府》一部，以示嘉奖。七月丙子谕四库馆臣将藏书家姓名附载于各书提要末，于是海内遗书日出，至四十七年七月遂编成《四库全书》计三千四百六十种、七万五千八百五十卷、三万六千册。从来图画之美备无逾是者。此本朝学术之渊源三。

四、校刊经籍

本朝开印书局于武英殿，先后垂三百年，以雕造御制、钦定各书及古籍。康熙朝复命江苏运司于扬州开诗局，校刊各书。复造铜活字，印《图书集成》。乾隆三十九年，金简请造木活字二十五万馀，赐名聚珍版，印丛书二千七百馀卷。乾隆十一年，饬儒臣校勘《十三经注疏》《二十二史》，各附以《考证》，又影刊岳刻《五经》、咸淳本《周易本义》、淳祐古本《四书集注》，又刻古香斋袖珍本各书。及乾隆五十六年刻石经于太学，出天禄琳琅宋版各经及流传旧本，命彭元瑞等校勘，为《考文提要》，诏仿《唐石经》刻《五经文字》《九经字样》，例刊置经末，并镌版颁行天下。综计内府所刊群籍，合以汉文、满文、蒙文、藏文四佛藏，不下十余万卷。同治中兴，兵燹以后，鲍源深奏请刊刻书籍，颁发各学，乃诏东南五省督抚开创书局，光绪间两广督臣张之洞立广雅书局于广州，合计各局所刊共数万卷。嘉庆十八年六月以生员鲍廷博进呈所刻《知不足斋丛书》赏给举人以奖励私家刻书。于是常熟之张、金山之钱、南海之伍，最近钱唐之丁、吴兴之陆氏、刘氏、张氏、定州王氏，刊书亦至夥。二百余年来，合官私所刻不下数十百万卷，得书之易，古所未有。此本朝学术之渊源四。

五、颁布群书

本朝钦定经籍颁行天下，嘉惠士林，屡奉明诏。乾隆元年二月丙午颁《十三经》《二十一史》于各省会及府州县学，戊午颁圣祖仁皇帝《御制周易折中》《性理精义》《朱子全书》《钦定尚书传说汇纂》《诗经传说汇纂》《春秋传说汇纂》储于太学，刊示诸生。五月己未颁圣祖仁皇帝《御制律历渊源》于直省学宫书院。二年九月丁酉颁圣祖仁皇帝《御制文集》、世宗宪皇帝.《朱批上谕》《御制乐善堂集》于官学。三年六月谕内阁从前世宗宪皇帝谕将圣祖仁皇帝御刊经史诸书颁发各省布政司，敬谨刊刻、准人刷印，并听坊间刷卖。近闻书版收贮藩库，刷印者少，著抚藩将书版重加修整，俾士民等易于刷印，有愿翻刻者听其自便，如御纂诸书未经颁发者着该督抚奏请颁发，刊版流布。至武英殿、翰林院、国子监皆有存贮书版，并内府所有各书亦应听人印刷，以广教泽。四年十二月颁圣祖世宗《御制文集》并御纂诸经于宗学。五年七月颁《日讲四书解义》《御纂四经》《性理精义》《御选古文》《御注孝经》于奉天各义学。九年颁《古今图书集成》于翰林院。十六年颁武英殿《十三经》《二十二史》于江宁钟山、苏州紫阳、杭州敷文三书院。二十三年八月诏将武英殿所刻《皇朝通礼》按照省份各印给一部。四十四年六月颁书籍于承德府文庙。四十七年《四库全书》告成，既缮写三部，分藏大内义渊阁及奉大热河之文律、文溯阁，以江浙为人文渊薮，复写三部于江苏金山，建文宗阁，扬州大观堂，建文汇阁，杭州西湖，建文澜阁以庋之，许士子到阁检阅，以广教泽。嘉庆九年二月复颁高宗《圣制诗文全集》《钦定石刻十三经》于翰林院。于是臣民咸得窥石渠、天禄之藏。此本朝学术之渊源五。

六、举行特科

本朝两举鸿博，一在康熙十七年，诏凡有学行兼优文词卓越之人，无论已未出仕，着在京三品以上及科道官员在外督抚布按，各举所知将亲录试用，以十八年三月一日于体仁阁考试，内外荐举者百八十六人，中选者彭孙遹等五十人，皆以翰林官用令编修《明史》，一在乾隆元年。先是雍正十一年四月下诏重修制科旷典，十三年二月及十一月以荐举寥寥，复谕在内大臣及各省督抚悉心延访，速行荐举，定一年内齐集京师。至乾隆元年九月二十六日己未，御试于保和殿，是科被举者二百六十七人，到京者百八十人。与试者百六十七人，取一等五人、二等十人。十月乙丑诏一等五人授编修，二等十人内五人以甲科出身，授检讨；五人以诸生授庶吉士。二年七月十一日复行补试，集阙下者二十六人，取一等一人、二等三人，二人授检讨、二人授庶吉士。十四年十一月，诏举经明行修之士，令内而大学士九卿、外而督抚公举所知，不拘进士举人诸生，以及退休间废人员能潜心经学者慎重遴访。越二年，内外臣工保举四十九人。十六年闰五月，谕内阁内外所举既有四十九人，其间流品自不无混杂，果有笃学硕彦为众所真知灼见即无庸调试，着大学士、九卿将现举人员再行虚公核实，无拘人数，务取名实相孚者，确举以闻。大学士乃奏荐陈祖范、吴鼎、梁锡玙、顾栋高四人，诏呈阅著作。六月丙午，授吴鼎、梁锡玙为国子监司业。八月丙申以陈祖范、顾栋高年老不能来京，俱给与国子监司业衔，以励宿学。乾隆朝鸿博经学两科取录甚严，然天下人士乃争自琢磨，骎骎然务实学矣。此本朝学术之渊源六。

七、奖励宿学

列圣相承，奖励宿学。康熙十八年山西进士范镐鼎举鸿博不应,讲濂洛之学,御书"山林云鹤"四字以旌之。四十一年大学士李光地进呈梅文鼎所著历学,御书"积学参微"四字赐之。四十四年圣驾南巡,德清处士胡渭献《平成颂》。先是侍讲学士查昇进呈渭所著《禹贡锥旨》,至是赐御书《西湖诗》扇,并赏"耆年笃学"四字额。乾隆十六年顾栋高以经学荐举,御制七律二章赐之。二十二年,南巡召见,赐祭酒衔,并赐御书"传经耆硕"四字。吴鼎进所著《象数集说》《易问》《春秋四传选义》《易堂问目》《考律绪言》,梁锡玙进所著《易经揆一》,谕令翰林二十员中书二十员在武英殿各缮写一部,着梁诗正、刘统勋董理其事。二十八年十月,谕军机大臣等现在修辑韵书,闻安徽婺源县有已故生员江永曾著《四声切韵表》及《音学辨微》二书,稿本已成,未经刊刻,着传谕该抚即饬该县就其家购觅,如因一时钞录不及,竟将原稿本随奏折之便附封送京,以备采择,书竣即行发还。三十八年七月,办理《四库全书》总裁奏请将进士邵晋涵、周永年、余集,举人戴震、杨昌霖调取来京,同司校勘,奉谕令该总裁留心视看,年余如果行走勤慎,其进士出身者准其与壬辰科庶吉士一体散馆,举人则准其与下科新进士一体殿试,候酌量录用。四十三年四月,《四库全书》馆进朱彝尊《经义考》,御制诗题卷首,谕军机大臣著录,寄浙抚三宝,就便询问藏版之家,将此诗添冠卷端,使士林咸知阐崇经学之意。咸丰元年,礼部奏进江苏举人朱骏声《说文通训定声》,谕赏加国子监博士衔。三年,礼部奏进福建举人林昌彝《三礼通释》,谕以教授归部选用。十年刑部候补主事何秋涛进呈所著舆地书籍八十卷,赐名"朔方备乘",谕俟补缺,后以员外郎即行升补,并着在懋勤殿行走。稽古之荣下及韦布。此本朝学术之渊源七。

八、振兴书院

世宗雍正十一年正月，谕内阁各省学校之外，地方大吏每有设立书院、聚集生徒、讲诵肄业者，朕临御以来，时时以教育人材为念，但稔闻书院之设实有裨益者少，浮慕虚名者多，是以未尝敕令各省通行。近见各省大吏渐知崇尚实政，而读书应举者亦颇能屏浮嚣奔竞之习，则建立书院亦兴贤育材之一道也。督抚驻扎之所为省会之地，着该督抚商酌举行，各赐帑金一千两。将来士子群聚读书，须豫为筹画资其膏火，以垂永久。其不足者在于存公银内支用，封疆大臣等并有化导士子之职，各宜殚心奉行，黜浮崇实，以助国家菁莪、朴械之化。至乾隆四年三月己巳，谕浙江敷文书院每岁帑金租息四百两不足以敷饩廪，着加赐帑金一千两，交与该抚经理，岁取息银以资诸生膏火。十五年南巡，九月至河南，幸嵩阳书院。四十年，因毕沅之奏，道光十七年，因御史巫宜禊奏，诏各书院延请山长，务访学行兼优者任之。自雍乾以降，若陈祖范、钱大昕、段玉裁掌教紫阳，卢文弨掌教钟山，全祖望掌教蕺山、端溪，陈寿祺掌教鳌峰，钱仪吉掌教大梁，李兆洛掌教暨阳，陈澧掌教菊坡，朱一新掌教广雅，并能化导诸生，儒风丕振。阮元抚浙，创设诂经精舍，督粤创学海堂，延王昶、孙星衍为山长，以经史为教，得人尤盛，即晚近黄彭年于苏州创学古堂，黄体芳于江阴创南菁书院，张之洞于广东创广雅书院，成效虽不如乾嘉时，而东南士夫尚知研究经史者，诸书院力也。此本朝学术之渊源八。

九、内府搜集古器

搜集三代礼器，始于宋之皇祐。本朝乾隆中，命儒臣将内府所藏古礼器编为《西清古鉴》正续编及《宁寿鉴古》，当时士夫承流响风，斯学遂盛。其文字可考证经义，其形象可正礼图，故程氏瑶田据以释《考工》，吴大澂据以考古度量权衡。晚近山川之宝日出不穷，礼器以外，若殷虚之甲骨、西陲之简牍、中州之碑版，均为前人之所不及见，有资于考古甚巨，其风实自上开之。此本朝学术之渊源九。

第三章　本朝学术流派

本朝垂三百年之学术，由于国家之倡导，前章已言之。至学术流派，略述如下。

一、经学

本朝经学，钦定诸经，一承宋儒之旧，而兼采汉儒以下诸家之说，训诂义理并重，一扫门户之习。兹分经述之。

《周易》

《易》之为书，推天道以明人事。汉儒言象数，去古未远，乃一变为京房、焦延寿，遂入干祥；再变而为陈抟、邵康节，专穷造化，不切人事。自王弼则尽黜象数，阑入老庄；宋儒专明儒理，又专求之人事，而远于天道；各得一偏。本朝《钦定周易折中》主义理而不废象数，一矫前人之失。今计本朝言《易》者凡四派：一、汉学派，二、理象折中派，三、义理派，四、辟陈邵图书派。

一、汉学派

毛奇龄作《春秋占筮书》及《易小帖》，依据古训，纠近代说《易》之失。惠士奇作《易说》，专宗汉学，以象为主。惠栋作《周易述》，以荀、虞为主，而参以郑玄、宋咸、干宝；又作《易汉学》，申孟长卿等五家之说。张惠言作《周易虞氏义》，专主虞翻，复为《郑氏义》《荀九家易》《易义别录》（集孟喜、姚信以下十九家之说），以存古说。孙星衍作《周易集解》。均祖述汉人。

二、理象折中派

胡煦《周易函书》、朱轼《周易传义合订》、王心敬《丰川易说》、任启运《周易洗心》、赵继序《周易图质疑》属之。

三、义理派

张尔岐《周易说略》、张烈《读易日钞》、李光地《周易通论》、杨名时《周易札记》、程廷祚《大易择言》，均明白笃实，不同空虚。至焦循《周易补疏》，则取王弼注之训诂近古者而为之疏，亦义理派也。

四、辟陈邵图书派

排斥图书，始于元之吴澄、明之归有光。本朝则有黄宗羲之《易经象数论》、黄宗炎之《图书辨惑》，至胡渭《易图明辨》、张惠言《易图条辨》，则穷溯本原，钩稽益密。

《尚书》

自宋吴棫、朱子、陈振孙、元吴澄、明梅、归有光等疑古文《尚书》为伪，至阎若璩撰《古文尚书疏证》益畅诸家之说，于是治《尚书》者分三派，一、今文派，二、不分今古文派，三、古文派。

一、今文派

阎若璩撰《古文尚书疏证》后，若惠栋《尚书古文考》、段玉裁《古文尚书撰异》、孙星衍《尚书今古文注疏》、王鸣盛《尚书后案》、宋鉴《尚书考辨》、江声《尚书集注音疏》皆以古文为伪而治今文。

二、不分今古文派

自诸家考古文为伪，当世学者若黄宗羲、钱大昕、沈彤、姚鼐多从其说，然古文久班学官，朱彝尊谓其言多缀辑逸经成文，无悖于理，举而删之，非可行之道。陈祖范《经咫持论》亦同。若李光地之《尚书解义》、张英之《书经衷论》均不断断于今古文之争，是为不分今古文派。又诸家既攻伪古文、伪孔注，将并孔注而废之，焦循谓古文增多之二十五篇为伪，《尧典》至《秦誓》二十八篇同不伪，今之孔《传》认为魏晋间人之传，亦何不可存？因历举其注之七善，作《尚书补疏》，此虽非不分古今文派，而持说甚允，故附于此派之后。

三、古文派

阎若璩撰《古文尚书疏证》，毛西河为《古文尚书冤辞》以反之，当时朱鹤龄《尚书埤疏》亦不以古文为伪，厥后张崇兰《古文尚书私议》亦反伪古文之说。《钦定四库全书》既载阎氏《古文尚书疏证》，毛氏《冤辞》亦并载入，则废古文之说亦馆臣所不尽赞同者也。

《毛诗》

《诗》有四家，惟《毛诗》仅存，毛公作《传》、郑氏作《笺》，皆依据《诗序》。虽唐以前考作《序》之人，言人人殊，要无攻其伪者。自宋郑樵、王质始诋为村野妄人所为。朱子作《诗集传》遂废《序》说。于是本朝治诗者遂分三派，一、汉学派，二、无专主派，三、齐鲁韩遗说派。

一、汉学派

皆祖述毛、郑，然亦分三派，甲兼主毛郑派，乙主毛派，丙主毛佐郑派，若马瑞辰《毛诗郑笺通释》、胡承珙《毛诗后笺》属甲派，陈奂《毛诗传疏》属乙派，陈启源《毛诗稽古编》、焦循《诗经补疏》属丙派。

二、无专主派

若李光地《诗所》、惠周惕《诗说》、杨名时《诗经札记》、严虞惇《读诗质疑》、顾镇《诗渖》，均汉宋兼采，而不废《诗序》。

三、齐鲁韩遗说派

采辑三家遗说者，始于宋之王伯厚。至本朝诸家又为之增辑，有范家相之《三家诗拾遗》、马国翰之《齐鲁诗诂》、林伯桐之《诗考补注》、周邵莲之《诗考异字笺馀》、冯登府《三家诗异文疏证》、陈寿祺《三家诗遗说考》、陈乔枞《四家诗异文考》，凡与《毛诗》异文者，就师承授受以定属何家，虽不能毫无疏失，然亦可得概略矣。

《三礼》

《三礼》之学，至宋而微，至明而绝。《周礼》晚出，真伪之说纷如聚讼，至诋为刘歆伪造，郑樵已驳正之。大抵《周官》六典，其源确出周公，而流传既久，不免有所窜乱。郑康成东汉大师亲为注，不以为疑，而后人疑之，讵足以成信谳？至《仪礼》宋元以来传习至少，至有明则《三礼》之中功令惟习《礼记》，故顾氏炎武有废经习传之叹。本朝乾隆中钦定《三礼义疏》，《仪礼》之学微而复兴。今将习《三礼》流派分疏于下。

一、《周礼》

郑注《周礼》、贾孔作疏于名物度数特详。本朝治《周礼》者，或标举"要义"以阐制作之故，而略于名物度数，若李光坡《周礼述注》、李钟伦《周礼训纂》之类皆是。至惠士奇《礼说》、江永《周礼疑义举要》则一遵汉儒之旧。近孙诒让作《周礼正义》裒集众说，于名物度数考证极详，遂驾贾、孔而上之矣。

二、《仪礼》

本朝治《仪礼》者始于张尔岐《仪礼郑注句读》。厥后作者林立，蔡德晋《仪礼本义》、沈彤《仪礼小疏》、江永《仪礼释例》、凌廷堪《礼经释例》并考证精核，至胡培翚《仪礼正义》乃集大成，于《仪礼》之学可谓毫发无遗憾矣。

三、《礼记》

郑注以后，宋卫湜采康成以下百四十四家为《礼记集说》，旧注皆赖以存。本朝杭世骏著《续卫氏礼记集说》，搜集益备。又江永《礼记训义择言》、朱彬《礼记训纂》、焦循《礼记补疏》于训诂名物考证尤详，足以羽翼郑学。

《春秋三传》

《春秋三传》，左丘明受经于孔子，《公羊传》传于公羊高，至景帝时，其玄孙寿始著竹帛，《穀梁传》传于穀梁赤，其著于竹帛亦出于后之传其学者，其书均晚，故《左氏》纪事为详，公、穀二家多曲说。至唐赵匡倡为《左氏》非丘明，宋元诸家因之。故中唐以前推尊《左氏》，晚唐以后则推尊《公》《穀》。孙复、刘敞辈创为弃传从经之说。夫舍事实而言是非，何异舍案证而决狱？及宋南渡之初，胡安国作《春秋传》，多感激时事，往往借《春秋》以寓意，不必悉合经旨。而元延祐中复科举法，以胡传悬为功令，而明因之，于是合"三传"为四。兹叙春秋流派，分为四端述之。

一、统治《三传》

宋孙复以后，说《春秋》者务以攻击三《传》相高，求驾乎先儒之上，穿凿破碎之弊日生。本朝统治三《传》者有俞汝言《春秋平义》及《春秋四传纠正》、焦袁熹《春秋阙如编》、惠士奇（半农）《春秋说》、顾栋高《春秋大事表》均持论正大，考证精密，一矫前人穿凿臆断之失。

二、《左传》

本朝治《左氏传》者，有杜注、有古注。其补正杜注者，有顾炎武《左传杜解补正》、朱鹤龄《读左日钞》、沈彤《春秋左氏传小疏》、焦循《左传补疏》、沈钦韩《春秋左传补注》；治古注者，有惠栋《春秋补注》、马宗梿《左传补注》、李贻德《左传贾服注辑述》、臧寿恭《春秋左氏传古义》。

三、《公羊传》

《公羊》之学，魏晋以后治者甚稀，仅存何劭公《注》，而穿凿附会、荒诞不经，其尤甚者，若黜周王鲁、为汉立制、例日例月，如是之类，不遑缕指。既不能执经以匡传，又加之助传以诬经。本朝治斯学者有孔广森《春秋公羊通义》、庄存与《春秋正辞》、刘逢禄《公羊何氏释例》《何氏解诂》、凌曙《公羊礼说》《公羊礼疏》《公羊问答》、陈立《公羊义疏》，大半守汉人治经之法，于何《注》订正甚少，惟齐召南《公羊传经疏考证》、何若瑶《春秋公羊传注质疑》能匡正何氏之失。

四、《穀梁传》

本朝经师治《穀梁》者无多，乾嘉以来有姚鼐《穀梁补注》、许桂林《穀梁释例》、侯康《穀梁礼证》、钟文烝《穀梁补注》、柳兴恩《穀梁大义述》，近人柯绍忞《穀梁传注》尤得体要。

《孝经》

《孝经》有今古文，朱子作《刊误》，用古文分为经一章、传十四章，删旧文二百二十三字。吴澄作《定本》，依今文十二章，而改其次序。本朝治《孝经》皆依今文，不改《定本》。其辑郑注佚文者，有臧庸《孝经郑氏解辑》、严可均《孝经郑氏注》、孔广林及袁钧《孝经郑注》，其补旧疏者有阮福《孝经义疏补》。

《论语》

本朝治《论语》者，有程廷祚《鲁论说》、徐养原《论语鲁读考》、刘台拱《论语骈枝》、焦循《论语补疏》、刘宝楠《论语正义》；其辑古注者，有宋翔凤《论语郑注》、陈鳣《论语古训》。

《孟子》

本朝治《孟子》者，有焦循《孟子正义》、宋翔凤《孟子赵注补正》；其辑古注者，有宋翔凤《孟子刘熙注》。

《四书》

自南宋以后，始合《大学》《中庸》《论语》《孟子》为《四书》。今依《十三经》之目，《论语》《孟子》别出，《大学》《中庸》归入《礼记》。其合考《四书》者，分三类述之。

一、考典制名物

有周炳中《四书典故辨正》、凌曙《四书典故核》、阎若璩《四书释地》（是书释地理而兼及物类典制）、王篈《四书地理考》。

二、考义理

有陆陇其《四书讲义困勉录》、杨名时《四书札记》、焦袁熹《此木轩四书说》。

三、考订文字

有翟灏《四书考异》。

《尔雅》

本朝治《尔雅》者，有翟灏《尔雅补郭》、邵晋涵《尔雅正义》、郝懿行《尔雅义疏》、严元照《尔雅匡名》、龙启瑞《尔雅经注集证》；其辑古注者，有臧庸《尔雅汉注》、钱坫及黄奭《尔雅古义》、严可均《尔雅一切注音》、叶蕙心《尔雅古注斠》；其校勘《尔雅》者，有张宗泰《尔雅注疏本正误》。

群经总义

此类分五项述之。

一、历代石经

考历代石经者，有顾炎武及万斯同《石经考》、杭世骏《石经考异》、桂馥《历代石经考略》、冯登府《石经补考》。汉石经有翁方纲《汉石经残字考》。魏石经有孙星衍《三体石经残字考》、王国维《魏石经考》。唐石经有钱大昕《唐石经考异》、严可均《唐石经校文》、王朝榘《唐石经考正》。蜀石经有王昶《蜀石经残字考》。北宋石经有丁晏《汴学二体石经记》。本朝石经有彭元瑞《石经考文提要》。

二、文字校勘

考群经文字者，有顾炎武《九经误字》、毕沅《经典文字辨证》、钱坫《十经文字通正书》、李富孙《易、诗、春秋三传异文释》。校勘群经者，有齐召南《尚书、礼记、春秋三传注疏考证》、阮元《十三经注疏校勘记》。

三、辑佚

辑古经说者，有王谟《汉魏遗书钞》、马国翰《玉函山房辑佚书》、余萧客《古经解钩沈》、陈寿祺《五经异义疏证》、钱东垣辑《郑志》、陈鳣辑《六艺论》。

四、札记

本朝诸家经学札记至夥，约举之有惠栋《九经古义》、臧琳《经义杂记》、江永《群经补义》、陈祖范《经咫》、孔广森《经学卮言》、刘台拱《经传小记》、汪中《经义知新记》、李惇《群经识小》、王念孙《读书杂志》、王引之《经义述闻》、程瑶田《通艺录》。

五、通考

通考诸经者，有焦循《群经宫室图》、陈懋龄《经书算学天文考》、秦蕙田《观象授时》、阮元《经籍纂诂》。

小学

本朝小学之精远迈前代，著书甚多，今约举分述如左。

一、《说文解字》

为之注者，有段玉裁《说文解字注》、桂馥《说文解字义证》、王筠《说文句读》《说文释例》。考新附字者，有钮树玉《说文新附考》。考声韵者，有段玉裁《六书音韵表》、姚文田《说文声系》、苗夔《说文声读表》、严可均《说文声类》、戚学标《汉学谐声》。为札记者，有惠栋《读说文记》、席世昌《读说文记》、王念孙《读说文记》、钱大昕《说文答问》、薛传均《疏证》、胡秉虔《说文管见》。为校勘者，有沈涛《说文古本考》、姚文田《说文校议》、苗夔《说文系传校勘记》。

二、《方言》《广雅》诸书

《说文》以外，古小学书有《方言》《广雅》《释名》《小尔雅》《急就篇》诸书。戴震有《方言疏证》、杭世骏有《续方言》、程际盛有《续方言补正》、沈龄有《续方言疏证》、王念孙有《广雅疏证》、江声有《释名疏证》、成蓉镜有《释名补证》、胡承珙有《小尔雅义证》、王煦有《小尔雅疏》、宋翔凤有《小尔雅训纂》、朱骏声有《小尔雅约注》、孙星衍有《急就章考异》、王国维有《校松江本急就篇》。

三、辑古字书

辑已佚古字书者，有孙星衍《仓颉篇》、陶方琦《仓颉篇辑补》、臧庸《通俗文》、任大椿《小学钩沈》《字林考逸》、陶方琦《字林考逸补》、王国维有《史籀篇疏证》《唐韵佚文》。

四、音韵

本朝音韵之学，始于顾炎武之《音论》《古音表》《唐韵正》。厥后江永有《古韵标准》《四声切韵表》《音学辨微》、戴震《声韵考》《声类表》、段玉裁之《六书音韵表》、王念孙《古音二十一部说》、洪榜《四声韵和表》、钱大昕《声类》、姚文田《古音谐》、江有诰《音学十书》、王国维《两周金文韵读》《联绵字谱》《补高邮王氏说文谐声谱》。

五、古金文

本朝考古金文者，始于阮元《积古斋钟鼎款识》，吴荣光之筠清馆但载款识，至曹载奎之怀米山房、潘祖荫之攀古楼、吴云之两罍轩、吴大澂之恒轩、端方之匋斋，诸吉金款识均图象文字并重。厥后吴式芬《攈古录》、吴大澂《愙斋集古录》搜集较广，其集为字书者有吴大澂《说文古籀补》，近人有续为补集者，吴大澂又有《字说》，虽仅数篇，然多精义，足补正许书。近年殷虚出贞卜文字，又可补金文所未及。

乐

本朝论乐之书有应谦《古乐书》、李光地《古乐经传》、江永《律吕新论》《律吕阐微》、江藩《乐县考》、凌廷堪《燕乐考原》、陈澧《声律通考》，康熙以后凡言律吕者皆根据《御纂律吕正义》，盖圣祖于乐学至精，后有作者莫能外也。

二、史学

约为八类，曰正史、曰编年、曰纪事本末、曰古史、曰别史及载记、曰传记、曰谱录、曰地理。

正史

本朝学者治正史者，约分五类，曰注、曰补、曰校、曰攈逸、曰通考。

一、注

为正史补注者有方苞《史记注补正》、梁玉绳《史记志疑》、钱大昭《汉书辨疑》、沈钦韩《汉书疏证》、周寿昌《汉书注校补》、何若瑶《汉书考证》、朱一新《汉书管见》、王先谦《汉书补注》、惠栋《后汉书补注》、沈钦韩《后汉书疏证》、周寿昌《后汉书注补正》、何若瑶《后汉书考证》、侯康《后汉书补注》、王先谦《后汉书补注》、赵一清《三国志注补》、侯康《三国志补注》、钱大昭《三国志辨疑》、潘眉《三国志考证》、梁章钜《三国志旁证》、周寿昌《三国志注证遗》、康发祥《三国志补义》、彭元瑞、刘凤诰《新五代史补注》。其考一部类者，有钱塘《史记三书释疑》、王元启《史记三书正讹》、汪越《读史记十表》、梁玉绳《汉书古今人表考》、王元启《汉书律历志正讹》、全祖望《汉书地理志稽疑》、钱坫《新斠注地理志》、吴卓信《汉书地理志补注》、王绍兰《汉书地理志校注》、杨守敬《汉书地理志校补》、洪颐煊《汉志水道疏证》、陈澧《汉书地理志水道图说》、徐松《汉书西域传补注》、毕沅《晋书地理志新补正》、方恺《晋书地理志校补》、温曰鉴《魏书地形志校录》、杨守敬《隋书地理志考证》。

二、补

为正史补遗者，有钱大昕《辽金元三史拾遗》、厉鹗《辽史拾遗》。补表志者，有刘文淇《楚汉诸侯疆域志》、华湛恩《后汉三公年表》、钱大昭《后汉书补表》《补续汉书艺文志》、顾櫰三《补续汉书艺文志》、侯康《补后汉书艺文志》、洪龆孙《三国职官表》、洪亮吉《三国疆域志》、谢钟英为之注、吴增仅《三国郡县表》、杨守敬为《校补》、侯康《补三国艺文志》、洪亮吉《东晋疆域志》《十六国疆域志》、钱仪吉《补晋兵志》、丁国钧《补晋书艺文志》、郝懿行《补宋书刑法志、食货志》、洪龆孙《补梁疆域志》、周嘉猷《南北史世系表》、汪士铎《南北史补志》、徐文范《东晋南北朝地舆表》、顾怀三《补五代史艺文志》、倪粲《宋史艺文志补》《补辽金元三史艺文志》、金门诏《补辽金元三史艺文志》、钱大昕

《元史氏族表》《补元史艺文志》。

三、校

校全史者，有钱大昕《二十二史考异》。校一史者，有钱仪吉《三国志考证》、罗士琳等《旧唐书校勘记》、江辉祖《元史本证》。校一部类者，有汪远孙《汉书地理志校本》。

四、攗逸

辑逸史者，有汪文台《七家后汉书》、汤球《晋纪辑本》《十家晋书辑本》《晋阳秋辑本》。

五、通考

通考诸史者，有万斯同《历代史表》、齐召南《历代帝王年表》、段承基《历代统纪表》《疆域表》《沿革表》、沈炳震《二十一史四谱》、钟渊映《历代建元表》、梁玉绳《元号略》、叶维庚《纪元通考》、李兆洛《历代纪元编》《历代地理韵编》、陈芳绩《历代地理沿革表》、杨守敬《历代地理沿革图》、王鸣盛《十七史商榷》、赵翼《二十二史札记》。

编年

本朝编年之书，有徐乾学《资治通鉴后编》、毕沅《续资治通鉴》、夏燮《明通鉴》。其补正《通鉴》胡注者，有陈景云《通鉴胡注举正》、钱大昕《通鉴注辨正》、赵绍祖《通鉴注商》。其校勘《通鉴》者，有张敦仁《通鉴刊本识误》。其补正《通鉴纲目》者，有陈景云《纲目订误》、张庚《纲目释地纠缪》《纲目释地补注》。

纪事本末

本朝之撰纪事本末者，有马骕《绎史》、高士奇《左传纪事本末》、张鉴《西夏纪事本末》、李有棠《辽金纪事本末》、谷应泰《明史纪事本末》、杨陆荣《三藩纪事本末》、魏源《圣武记》、夏燮《中西纪事》。

古史

本朝治古史者，曰注、曰校、曰辑，分疏如下。

一、注

陈逢衡著《逸周书补注》、朱右曾著《逸周书集训校释》、丁宗洛著《逸周书管笺》、洪亮吉著《国语韦昭注疏》、汪远孙著《国语发正》、程恩泽著《国策地名考》、张琦著《战国策释地》、陈逢衡著《竹书纪年集证》、林春溥著《竹书纪年补证》《战国纪年》《古史纪年》《古史考年同异表》、王国维著《今本竹书纪年疏证》。

二、校

顾广圻著《校刊国语札记》、汪远孙著《国语考异》、洪颐煊著《校正竹书纪年》。

三、辑

汪远孙著《国语三君注辑存》、孙冯翼辑《世本》、雷学淇著《校辑世本》、秦嘉谟著《世本辑补》、王国维著《古本竹书纪年辑校》。

别史及载记

有谢启昆《西魏书》、陈鳣《续唐书》、汤运泰《南唐书注》、王鸿绪《明史稿》、蒋良骐《东华录》、王先谦《东华录》、吴任臣《十国春秋》、梁廷栅《南汉书》、王国维《蒙鞑备录笺证》《黑鞑事略笺证》《圣武亲征录校注》。

传纪

有林春溥《孔子世家补订》、孔继汾《阙里文献考》、王国维《汉魏博士题名考》、郑珍《郑学录》、陈鼎《东林列传》、钱仪吉《碑传集》、缪荃孙《续碑传集》、李元度《国朝先正事略》、李桓《耆献类征》、钱林《文献征存录》、杭世骏《词科掌录》、李集《鹤征录》、李富孙《后录》、秦瀛《己未词科录》。

谱录

谱录之类三，曰书目，曰姓氏、年谱，曰金石。

一、书目

目录之学至本朝而极盛，《钦定四库全书提要》详载群书之得失、刊本之优劣、作者之籍里履历，无不详尽，别为《简明目录》以便浏览。阮元有《四库未收书目》、朱彝尊著《经义考》、谢启昆著《小学考》，均为前代未有之创作。至周中孚《郑堂读书记》、陈鳣《经籍跋文》、钱泰吉《曝书杂记》、王国维《五代两宋监本考》《两浙古刊本考》，并资博闻。

二、姓氏年谱

有张澍《姓氏寻源》《古今姓氏书辨证》、孙星衍、洪莹辑《元和姓纂》、汪辉祖《史姓韵编》《九史同姓名略》《辽金元三史同姓名录》、牟廷相《周公年表》、林春溥《孔孟年表》、狄子奇《孔孟编年》、王懋竑《朱子年谱》、李绂《陆象山年谱》、钱大昕、洪文惠、洪文敏《陆放翁、王伯厚、王弁州年谱》、王国维《耶律文正年谱》、段玉裁《戴东原年谱》、张穆《顾亭林、阎百诗年谱》、钱大昕《疑年录》、吴修《续录》、陆心源《三录》、吴荣光《历代名人年谱》。

三、金石

此学肇于有宋，至本朝而极盛，约分四类，曰目录，曰文字，曰图象，曰考证。目录诸书，有钱大昕《潜研堂金石目》、孙星衍《寰宇访碑录》、赵之谦《访碑录补》、吴式芬《攈古录目》、缪荃孙《艺风堂碑目》、王国维《宋代金文著录表》《国朝金文著录表》。录文字者，有吴玉搢《金石存》、翁方纲《两汉金石记》、王昶《金石萃编》、陆耀遹《金石续编》、陆增祥《八琼室金石补正》、赵绍祖《金石文钞》、黄本骥《古志石华》。至分地之金石志，如关中、中州、山左、两浙之类，或录文或不录文，体例不一，多不可计。图象诸书，其关古礼器者，已见小学类。他如张燕昌《金石契》、褚峻《金石经眼录》、刘喜海《三巴金石苑》、李佐贤《古泉汇》、程敦秦《汉瓦当文字》、王福田《竹里瓦当文存》、钱坫《浣花拜石轩镜铭集录》、吴大澂《百家姓印谱》之类，未遑备举。考证诸家，有顾炎武《金石文字记》、钱大昕《潜研堂金石跋尾》、武亿《金石三跋》、严可均《铁桥金石跋》、洪颐煊《平津读碑记》，至李遇孙《金石学录》、陆心源《金石学录补》，并可考见斯学之概略。

地理

地理之类，约为四目，曰志，曰图，曰水地，曰考古。

一、志

本朝地志，《钦定一统志》外有顾祖禹《方舆纪要》、洪亮吉《乾隆府厅州县图志》。雍正间，诏各省修通志，二百年间或一修再修，或后来编辑，计各省有通志者，曰畿辅，曰盛京，曰吉林，曰河南，曰山西，曰山东，曰江南，曰江西，曰湖北，曰湖南，曰四川，曰云南，曰贵州，曰浙江，曰福建，曰广东，曰广西，曰陕西，曰甘肃，曰新疆。其他府厅州县、名山胜迹莫不有志。其私家著作中尤典核者，有汪中《广陵通典》、张澍《蜀典》、田雯《黔书》、张澍《续黔书》、王崧《云南备征志》、松筠《新疆识略》、徐松《新疆赋》。其考边防者，有盛绳祖《卫藏图志》、松筠《西招图略》、李心衡《金川琐记》、毛奇龄《蛮司合志》、严如煜《边防备览》、祁韵士《皇朝藩部要略》、张穆《蒙古游牧记》。考外国者有魏源《海国图志》、徐继畬《瀛寰志略》。

二、图

本朝直省地图，以胡林翼《一统舆图》为善，至光绪朝会典馆图益加详密。此外有吴大澂《三省黄河图说》、马征麟《长江图说》、上海制造局所译《海道图说》、施彦士《海运图说》。

三、水地

此学分古、今二系。治古水地学者有戴震及全祖望校《水经注》、赵一清《水经注释》、王先谦《合校水经注》、张匡学《水经注释地》、董祐诚《水经注图说残稿》、汪士铎《水经注图》、陈澧《水经西南诸水考》、杨守敬《水经注要删》《水经注图》。治今水地者，有齐召南《水道提纲》、傅泽洪《行水金鉴》、黎世墇《续行水金鉴》、徐松《西域水道记》、吴邦庆《畿辅河道水利丛书》、陶澍《江苏水利图说》、王凤生《浙西水利备考》。

四、考古

考古地理，辑佚书者有毕沅辑王隐《晋书地道记》《太康三年地记》、张澍辑赵岐《三辅决录》、阚骃《十三州志》、辛氏《三秦记》、孙星衍辑《唐括地志》、曹元忠辑韦述《两京新记》。自著者有徐松《唐两京城坊考》、周城《宋东京考》、顾炎武《历代帝王宅京记》、朱孔扬《历代陵寝备考》。

三、子

子部本以周秦间诸子命名，宋高似孙撰《子略》，凡不能归入经史者皆入子类，门目极繁，兹约为四类，曰儒家，曰诸子，曰考证，曰算术。

一、儒学

本朝治义理之学者，分程朱派、陆王派、不分宗派三者。主程朱者，有李光地注解《正蒙》《蓉树语录》、茅星来及江永《近思录集注》、陆世仪《近思录辑要》、陆陇其《读朱随笔》《三鱼堂剩言》《松阳钞存》、张履祥《愿学记》《备忘录》、雷铉《读书偶记》、全祖望《宋元学案》、唐鉴《囯朝学案小识》。主陆王者，有黄宗羲《宋儒学案》《明儒学案》、吴才鼎《东莞学案》、李中孚《四书反身录》《二曲集》、李绂《陆子学谱》。其不分宗派，有孙奇逢《理学宗传》、汤斌《洛学编》《潜庵语录》，又戴震《孟子字义疏证》、陈澧《汉儒通义》，亦足与宋儒相发明。案汉人治经有家法，宋儒讲学分门户，汉儒之学守一先生之说，授受自有。至东汉末季，郑康成笺《毛诗》、注《论语》，乃兼采众说，遂废家法。而唐孔颖达作诸经《正义》，仍守家法之旧，其有稍杂他家之说者，至诋为狐不首邱、叶不归根。平心论之，笃守师说，何如择善而从？至宋代，诸大儒初亦无门户之见存，而因资禀各异，考亭之沈潜、象山之高明，虽取经略别而殊途同归。至门弟子则断断各尊师说，力排异己，数百年来治程朱之学者至诋陆王学说为异端，亦已过矣。大抵倡一学术，非得门弟子之绍述不能昌大，而弊害即于是出。又数百年来。于宋儒门户之见外更有汉宋之争。平心论之，训诂名物、典章制度，自以汉儒为近古；而发明义理，则宋儒为胜。合之则交益，离之则两损。善夫茅星来之言曰："马、郑、贾、孔之说经，譬则百货之所聚；程朱之说，譬则操权度以平百货之轻重长短者也。微权度则货之轻重长短不见，而非百货所聚则虽有权度亦无所用之。"故本朝钦定诸经，皆汉宋兼采，后儒复析汉宋而二之，后之学者宜悉泯汉宋之见，而治义理之学者当以孔孟为归，蠲除门户之习，如康成之破除家法、择善而从，斯可矣。

二、诸子

自炎汉表章六经，诸子之学已为儒家所统一。故本朝治诸子之学者特以其多存古事、古训以为研经之助已耳。汪氏中作《墨子序》，称其论三年之丧为悖道，而主博爱救世，以《诗》所谓"凡民有丧，匍匐救之"之仁，人许之。盖汪氏生长孤寒，其撰《先妣灵表》备述少年孤苦，值饥岁母氏儿死流离，三族无见恤者，其推重墨氏殆如司马子长之进游侠，乃有激之言。翁方纲遂斥为墨者汪中，非能得孟子"知人论世"之旨者也。本朝治诸子之学，约分三类，述之于下。

（一）注

注周秦诸子者，有郝懿行《荀子补注》、洪颐煊《管子义证》、梁玉绳《吕子校补》、蔡云《吕子校补献遗》、孙诒让《墨子间诂》。

（二）辑

辑古子古注者，有邢澍《司马法辑注》、严可均辑《慎子逸文》《商子》、任兆麟辑《尸子》、章宗源辑《燕丹子》、孙冯翼辑司马彪《庄子注》、马国翰有《玉函山房辑佚·子书》。

（三）校

本朝校定诸子者，有谢墉校《荀子杨倞注》，吴鼒校《韩非子》，作《识误》，钱熙祚校《尹文子》，作《校记》，辑《遗文》，毕沅校《墨子》《吕氏春秋》，撰《老子考异》，汪继培、秦恩复校《列子》，任大椿作《列子考异》、钱熙祚校《文子》，作《校记》。

三、考证

本朝考证群经者已略载入经类，其考证群书者兹举其大要，有顾炎武《日知录》、万斯同《群书疑辨》、张尔岐《蒿庵间话》、阎若璩《潜邱札记》、王懋竑《白田杂著》、惠栋《松崖笔记》、徐文靖《管城硕记》、全祖望《经史答问》、邵晋涵《南江札记》、卢文弨《钟山札记》《龙城札记》、钱大昕《十驾斋养新录》、孙志祖《读书脞录》、桂馥《札朴》、王念孙《读书杂志》、李赓芸《炳烛编》、钱塘《溉亭述古录》、梁玉绳《瞥记》、洪颐煊《读书丛录》《台州札记》，多不胜举。其校刊群书者，有何焯《义门读书记》、卢文弨《群书拾补》、蒋光煦《斠补隅录》、陆心源《群书校补》。

四、算术

数为六艺之一，与经史相表里。本朝治斯学分三类。一曰中法，有戴震校《算经十书》、李潢《九章算术》《海岛算经》《细草图说》，缉《古算经考注》，张敦仁缉《古算经》《细草开方补记》，钱大昕《三统术演》，孔广森《少广正负术内外篇》，屈曾发《九数通考》，项名达《句股六术》，冯桂芬

《弧矢算术》《细草图解》。治两法者，有李善兰《则古昔斋算书》。中西兼采者，有梅文鼎《勿庵历算丛书》、江永《数学推步注解》、李锐《李氏遗书》、董祐诚《算术遗书》、焦循《里堂学算记》、张作楠《翠微山房数学》、罗士琳《观我生室汇稿》、夏鸾翔《夏氏算书》、徐有壬《务民义斋算学》、邹伯奇《邹征君遗书》，又阮元《畴人传》、罗士琳《续畴人传》，乃记古今之治斯学者。

四、集

集部有总集、别集，本朝作者林立，所撰别集不遑备举，兹述总集及辑注前代别集，约分四类，一《选》学，二编集，三辑注，四诗文评。

一、《选》学

《文选》之学，取其多存古训古义，其注多存古书，有裨经史，不仅取其词华已也。本朝治《文选》者，有汪师韩《文选理学权舆》、孙志祖《文选理学权舆补》《文选李注补正》、朱珔《文选集释》、梁章钜《文选旁证》、张云璈《选学胶言》。其考文字者，有薛传均《文选古字通疏证》。校勘文字者，有孙志祖及胡克家《文选考异》。

二、编集

本朝编集诗古文词者，有断代、分地、骈体三大纲。

（一）断代

有严可均辑《全上古三代六朝文》、郭麟《唐文粹补遗》、陆心源《唐文拾遗》、庄仲方《南宋文范》《金文雅》、缪荃孙《辽文存》、黄宗羲《明文授读》、薛熙《明文在》、姚椿《国朝文录》、吴翌凤《国朝文征》、王昶《湖海文传》、李调元《全五代诗》、吴之振《宋诗钞》、曹廷栋《宋百家诗存》、厉鹗《宋诗纪事》、顾嗣立《元诗选》、席世臣《元诗癸集》、朱彝尊《明诗综》、卓尔堪《明遗民诗录》、陈田《明诗纪事》、沈德潜《三朝诗别裁》、吴翌凤《国朝诗》、王士祯《感旧集》、王昶《湖海诗传》、朱彝尊《唐五代宋词综》、王昶《明词综》、孙默《十六家词》。

（二）分地

有杨宗义《八旗文经》、夏荃《海陵文征》、罗汝怀《湖南文征》、苏源生《中州文征》、朱壬林《当湖文系》、凌淦《松陵文录》、陈遇春《瓯栝先正文录》、汤成烈《缙云文征》、邵松年《海虞文征》、铁保《熙朝雅颂集》、陶梁《畿辅诗传》、孙替元《遵化诗存》、卢见曾《山左诗钞》、张鹏展《续钞》、周翕《即墨诗乘》、王赓言《东武诗存》、王豫《江苏诗征》、朱绪曾《历代金陵诗征》《国朝金陵诗征》、毕沅《吴会英才集》、阮元《淮海英灵集》、王应奎《海虞诗苑》、顾光旭《梁溪诗钞》、桂中行《徐州诗征》、王昶《青浦诗传》、何其超《续诗传》、宋莲《海上诗选》、阮元《两浙輶轩录》、潘衍桐《续录》、吴颢《杭郡诗辑》、吴振棫《续辑》《丁申》《丁丙》三辑、曹宗载《峡州诗钞》、许仁沐《续诗钞》、沈季友《檇李诗系》、胡昌基《续诗系》、许粲《梅里诗辑》、陆心源《吴兴诗辑》、周庆云《浔溪诗征》、胡文学《甬上耆旧诗》、全祖望《续甬上耆旧诗》、尹元炜《溪上诗辑》、商盘《越风》、张廷枚《姚江诗存》、钱玫《上虞诗录》、吕岳《孙嵊诗钞》、朱琰《金华诗录》、宗源瀚《严州诗录》、戚学标《三台诗录》、曾燠《江西诗征》、邓显鹤

《沅湘耆旧集》《资江耆旧集》、郑王臣《莆风清籁集》、温汝能《粤东诗海》、伍崇曜《楚庭耆旧诗前后集》、彭泰来《端人集》、唐树义《黔诗纪略》、黄琮《滇诗嗣音集》、袁文典《滇南诗略》、许印光《滇诗重光集》、陈荣昌《滇诗拾遗》、缪荃孙《常州词录》。凡分地诗文总集可考见一方文献，不仅其词章足重已也。集录之多，此亦我朝文化盛于前代之一，故详记之。

（三）骈体

本朝选骈文者，有陈均《唐骈体文钞》、彭元瑞《宋四六选》、李兆洛《骈体文钞》、曾燠《国朝骈体文钞》、吴燕《八家四六文钞》。

三、辑注

本朝校辑前代别集者，有张澍辑《汉皇甫司农集》《张太常集》《段太尉集》、孙星衍辑《王无功集》、黄本骥辑《颜鲁公集》、钱振常《樊南文集补编》。注前代别集者，有陶澍《陶靖节集注》、吴兆宜及倪璠注《庾子山集》、吴兆宜注《徐孝穆集》、蒋清翊《王子安集注》、王琦《李太白集注》、仇兆鳌《杜诗详注》、杨伦《杜诗镜铨》、赵殿成《王右丞集注》、顾嗣立《昌黎诗笺注》、孙之《玉川子诗注》、王琦《李长吉歌诗汇解》、冯集梧《樊南文集注》、冯浩《玉溪生诗详注》、顾予咸、顾嗣立《温飞卿集笺注》、查慎行《苏诗补注》、冯应榴《苏诗合注》、王文诰《苏诗编注集成》、施国祁《元遗山诗注》、金檀《高青邱诗集孙》、徐嘉《顾亭林诗集注》。

四、诗文评

本朝评论诗文词赋者，有彭元瑞《宋四六话》、李调元

《赋话》、王芑孙《读赋卮言》、赵执信《声调谱》、郑方坤《五代诗话》、王士祯《带经堂诗话》、朱彝尊《静志居诗话》、沈德潜《说诗晬语》、潘德舆《李杜诗话》、徐釚《词苑丛谈》、万树《词律》。

此章所载本朝人著作，除钦定诸书已载前章，不更录入，其四部著作举其要者不能备及，读者就此隅反可也。

第四章　本朝学者之研究方法

本朝学者研究术方法，或就前人成法而扩充之，或为前人所略，本朝学者所始创，约举六端，述之如下。

一曰征经。汉人治经，笃守师法，至郑康成始破师说之拘牵而兼采众说，即经传有疑义，亦或加驳难。而康成以后治经者仍守师说之旧，顾亭林氏谓《左氏》解经多不得圣人之意，元凯注《传》必曲为之疏通。郑康成则不然，其于二《礼》之经及子夏之《传》往往驳正。举其驳正《周礼》者二事、《仪礼》者四事、《礼记》者十四事，称其所驳虽未尽当，视杜氏之专阿《传》者不同。经注之中可谓卓然者乎。本朝治经亦不尽免顾氏所讥。然如程瑶田作《仪礼丧服文足征记》，则涵泳经文，而不曲徇郑注，郑之所驳，程氏每据经文以订正之。林乔荫作《三礼陈数求义》，亦据经订注。胡煦《卜法通考》，详考古卜法，于《周礼》郑注之误一一据经文驳正。今证以殷虚所出贞卜用之甲骨则金与胡氏订正相合。此征经订注乃研究之法一也。

二曰释词。经传中实字易训、虚词难释。语词之释，肇于《尔雅》粤于为日、兹斯为此，若斯之类，皆约举一隅，以待三隅之反。顾语助之文散见经传者，汉以来经师多略而不究，或以实义释之，遂使其文扞格而意不明。如《诗》"终风且暴"，毛诗谓终日风为终风，韩诗谓终风为西风，王念孙以《诗·燕燕》之"终温且惠"、《北门》之"终窭且贫"、《伐木》之"终和且平"、《甫田》之"终善且有"比例之，遂释终为词之既，"终风且暴"为"既风且暴"，其文遂明白晓畅。王引之遂据比类推，搜访《九经》《三传》周秦西汉之书，撰《经传释词》，于前人之误解订正甚多，此为往代诸儒之所略，乃研究之法二。

三曰释例。群经周秦间古文法与今不同者多，执今日文法以读古书，每致扞格不通。俞樾撰《古书疑义举例》以明之，盖因王氏撰《经传释词》由比例而知触类而长，因推广其法，举例八十余条，洵足为读书之良法，此亦以前经师所未及，乃研究之法三。

四曰审音。考古韵者，肇端于宋吴棫《韵补》，然厖杂割裂，至明陈第撰《毛诗古音考》《屈宋古音义》始秩然有条理。至本朝顾炎武作《音学五书》，所造乃益深。顾氏定古音为十部，厥后江永增为十三部，戴震增为十六部，段玉裁增为十七部，孔广森增为十八部，王念孙、江有诰增为二十一部，愈推愈密，于是本朝音韵之学冠绝前代。古音既明，王念孙作《广雅疏证》以诂训之旨本于声音，乃就古音以求古义，段玉裁序其书，谓能以古音得经义，天下一人而已。郝懿行作《尔雅义疏》，亦依王氏法以释诂训，遂陵驾前人，审音以求义，乃研究之法四。

五曰类考。本朝学者治经史多分类考究，兹举经部示例，约为六目。一天文历象，有盛百二《尚书释天》、陈厚耀《补春秋长历》、姚文田《春秋传朔闰考》、施彦士《春秋经传朔闰表发覆》、吴守一《春秋日食质疑》、陈懋龄《经书算学天文考》、秦蕙田、方观承《观象授时》。二地理，有蒋廷锡《尚书地理今释》、焦循《毛诗地理释》、高士奇《春秋地名考略》、程廷祚《春秋地名辨异》、江永《春秋地理考实》。三典制，有惠栋《禘说》、毛奇龄《郊社禘祫问》《大小宗通释》、任启运《肆献裸馈食礼纂》、程瑶田《宗法小记》、沈彤《周官禄田考》、王鸣盛《周礼军赋说》、胡匡衷《仪礼释官》、程廷祚《春秋职官考略》。四氏族姓名，有李超孙《诗氏族考》、陈厚耀《春秋世族谱》、王引之《春秋名字解诂》、高士奇《左传姓名同异考》、程廷祚《左传人名辨异》。五宫室舆服，有程瑶田《释宫小记》、洪颐煊《礼经宫室答问》、胡培翚《燕寝考》、阮元《车制图考》、郑珍《轮舆私笺》、任大椿《弁服释例》。六考工，有戴震《考工记图》、程瑶田《考工创物小记》。其关于史者已略见前编巾，不更及，此研究之法五。

六曰攟佚。攟集佚书始于宋之王应麟，至本朝乃益昌大之。乾隆间奉勒于《永乐大典》采辑佚书，刊入聚珍版丛书者不及三之一，其他尚不下二百余种。此外若王谟、若孙星衍、若余萧客、若臧庸、若孙堂、若袁钧、若张澍、若马国翰、若章宗源、若黄奭、若严可均、若陈鱣、若赵在翰，不下十余家，辑书不下数百种，俾学者得考见已佚古书，乃研究之法六。

以上六者略举示例不及详述。

第五章　本朝学术之得失

本朝学术概要已具前四章，至其得失可得而言，大约得与失盖相半也。所谓得者何？一曰师承有自，本朝学术同由于国家倡导，而参其师承则导源于顾处士炎武。处士之学在明体达用，而绍其学者亦得其半而已。顾氏之学始传吴中，传皖江已，复传于江苏，并光被他省。虽嘉庆以前国家平治、海内安晏，致传顾氏之学者不复留意于致用，而于经史考订绍述甚广。此一得也。二曰研究有法，本朝学者研究学术心精力果，其法至密，已略具上章，故得超轶汉唐，著作宏富。此二得也。三曰取材宏富，前代学者于名物制度多凭经注为图，非实见其物，如宋代之《三礼图》等，概凭理想，罕得真象。自阮元以后，至吴大澂，始以古礼器文字考证许书。程瑶田作《考工创物小记》，就传世古器以证经传，吴大澂用其法以考度量权衡，遂一洗前人凿空臆定之弊。近三十年洹阳之卜文、西陲之简牍、中州关中所出古金石刻古器物可据以考证古文字经史者不少，又为以前学者所未及见此，三得也。其所谓失者何？一曰详训诂而略义理。本朝钦定诸经沣皆汉宋兼采，折中至当，乃后来诸儒悉贵汉而轻宋。夫以顾氏炎武为本朝学者所服膺，而亭林在关中建朱文公祠，江氏永、王氏懋竑汉学甚深，而一注《近思录》、一为《朱子年谱》，初未敢轻宋学也。义予尝见段氏玉裁与王石臞书，有"今日之弊在不尚品行政事，而尚剿说，汉学亦与河患相同，然则理学不可不讲"。语在百年以前，已慨乎言之。今日士气销沉，不能不归咎于重训诂、轻义理，此一失也。二曰舍训诂而讲微言大义。夫重训诂略义理其害既如此，乃道光以来学者复舍东汉而师西汉。先是有常州庄述祖、刘逢禄讲《公羊》之学以造其端，厥后学者从风而靡，变本加厉。至光绪中叶，遂有倡素王改制之说者，恶诸经之害己，诋为皆出刘歆伪造，惑众诬民，流毒至今。此二失也。三曰疑古信今。海禁未开以前，学说统一，周礼以外，无他学也。自两学东渐，学术乃歧为二，其实近日欧洲新说皆为中国古代过去之陈迹。《孟子》载神农之言及貉之无君臣上下百官有司，与今日欧人所倡其何以异？在中国早已扞格不行，久归淘汰，在欧则为崭新之学说，乃今之学者于我先圣百王数千年所历试尽善尽美之政学则疑之，于外来之新说则信之。贱美玉而宝珷玞，其失三也。统观三失，前者为百年前之失，后者近三十年之失也。以今日社会现状观之，学者倘亦憬然悟乎。

论语讲义

　　往岁，予避地海东，癸丑春，劳玉初尚书（乃宣）
以书至，言邪说横行、人心陷溺，宜谋所以拯之者。予复
书谓，是宜讲明正学，并请尚书任其事。尚书题予言，顾
谦不敢自承。明年返申江，见沈子培尚书，乃以期之劳公
者期之。尚书曰："此事诚切要，然学有汉宋之分，又有
朱、陆之异，欲穷源竟委，亦至繁难。"予曰："汉宋诸
儒，莫非祖述孔孟。今以孔孟为归，一扫前人门户纠葛可
也。"尚书思之良久，曰："同矣。然今日讲学，非笔与
舌兼擅不可，此事非君莫属，仆当为助耳。"予念二老且
不敢自任，矧年德如予者？用是荏苒十年，而两君则已先
后谢人世，予亦老且衰矣。戊辰冬，侨居辽东，匆匆逾
岁，哀人心之愈漓，念劳生之易尽，始慨然欲自任。又明
年，大连文化会请讲学，乃为演述古今学术慨略。已而金
州曹君冠甲又以为请，复勉诺之。月二集，讲《论语》
大旨。阅月间，得讲义十一首。以索观者众，爰付梓以代

传钞。昔东汉季叶，管幼安诸贤避乱辽东，讲《诗》《书》、陈俎豆、明礼让，所居至成邑。今其地其时难先后略同，而德愧先贤、才惭博达。兹所论述，乃案切时势，冀挽狂澜，与前人之说或未尽合，而旨则无殊。当世方雅，幸裁正之。庚午九月，上虞罗振玉。

子曰学而时习之章

此章乃圣人示人以为学之准。人之求学，所以修身善行，非仅传闻诵说已也。《中庸》论学五条目，始于博学，终于笃行。《大学》则由格物致知，而诚、正、修、齐皆由知以求行，古人之学不出伦常日用，本易知易行。"学而时习之"者，时，是也，所学在是，所行即在是，习者，闻斯行之，盖未能安行而勉行之，如人之学步然。习指行说，非指知说。曾子三省，末云"传不习乎"，亦谓吾人学之于师者，是否身体而力行之，与此章学而时习之义正合。盖古之学者为己，今之学者为人。为己者以学淑身，为人者以学为禽犊也。君子儒、小人儒之分在此。果能学而时习，则师不虚授，我不徒学，反求诸心能不怡悦乎？"有朋自远方来"者，同道为朋，"独学无友，则孤陋而寡闻"，古人以友辅仁，盖己立立人、己达达人，学问之事始于淑身，终于淑世，果能声应气求、由迩而远、由亲而疏，吾道日推而日广，岂非至可乐之事乎？此所谓乐，盖乐道之行，非喜令闻广誉施于身也。"人不知而不愠"者，学以淑身，本非徇人干誉，人而知我，则以先知觉后知，以先觉觉后觉，乃道之幸，非我之幸。人不我知，于我何失，不因是而愠，不亦君子儒乎？综观此章第一节，示学以淑身，不仅求知，而在力行。第二节示学固以淑身，亦所以淑世。第三节示兼善固可乐，而独善亦无所损。彼以不知于人为耻者乃为人之学，是之谓小人儒，而非君子儒也。圣人示人为学之方，即此一章已详且至矣。

有子曰其为人也孝弟章

此章乃教人以务本学，"其为人也孝弟"，则"本立而道生"，身以修，家以齐，扩而充之则国治而天下平。古人为学之道，盖至简至易，不出于伦常日用，而植其基于孝弟。夫五伦之中，有以天合者，父子、兄弟是也；有以人合者，夫妇、朋友、君臣是也。孟子曰："圣人人伦之至也。"又曰："尧舜之道，孝弟而已矣。"道之大者曰仁与义，而仁之实事亲是也，义之实从兄是也。人莫不有父兄，而所以为学，在循秉彝之好而为孝子悌弟。人果能孝弟则身修而家齐，出而入世则守顺循礼，断无干犯法纪之事。法纪且不干犯，作乱之事何由而生？如是则人人亲其亲、长其长，而天下平矣。古人之于伦理皆由一己推之，其道盖自修身始，修身莫要于亲亲，由是而推之家国天下。故孝者所以事君也，弟者所以事长也，而为人上者端己率物亦从孝弟始。上老老而民兴孝，上长长而民兴弟，故孝弟为人之本，亦即道之本，即家国天下之本，不仅关于一人一身，而实自一人一身始。倘舍孝弟而言道，舍一人一身而言家国天下，是犹种树者伤其本而欲求枝之茂，岂可得哉？此章末"孝弟为仁之本"，孟子曰："仁者人也。"为仁即为人，或谓古仁人通用。"并有仁焉"，有仁即有人，亦通。

子曰父在观其志章

此章乃圣人勉人子以守父之道，不当以亲没而改也。夫人子之身，亲之续也。亲在则尽孝养，亲没则守家法，乃孝子之事也。"父在观其志，父没观其行"者，父在子不得自专，故行不可见，但可于志见之。志者，行之本也。此章之其志其事与"隐居以求其志，行义以达其道"义同。隐居之志，孟子所谓"人孝出弟、守先王之道以待后之学者"是也。孝子之志亦入孝出弟，守先人之家法以诒后世子孙已耳。父母存日之所志即代亲以后之所行，与隐居者得位，乘时行其所素蓄相同。"三年无改于父之道"者，三年言其久，三年无改即终身不复改也。父之道者，谓祖父以来相承之家法也。治家犹治国。然国之政事乃本历代圣君贤相所历试而损益因革以成之，一家之法亦本祖宗累世历试所留诒为人后者。一人之经验何如累世之经验？苟能谨遵成法，守而勿失，所以不忍其亲者在此，所以保其家者亦在此。历观前史，凡有国者轻改祖宗成法而致乱者比比矣。国既如此，家何独不然，所谓无改者，实不当改，非仅不忍故也。非但己身不改，且当诏后世子孙永永无改也。圣人以此为孝，为人子者可勿深长思哉！今者撄三千年未有之奇变，为国者尽弃前人之大轻大法，有家者亦弃祖考彝训，从流忘返，试与读此章，不知其有动于中否也？

子曰不仁者不可以久处约章

此章乃圣人示人以仁与不仁之分、义与利之判而已。夫仁为人心所固有，天理之当然，蕴于中之谓仁，行而宜之之谓义，操存不失则为仁者，舍而亡之利为小人。小人之始，理欲交战，理不胜欲而已。及其继也，驯至欲日肆而理日亡，遂成不仁之人。于是徇欲而行，知利而不知义，其处境若在困约必求富裕，既富裕矣，又将求驾富裕而益上之。凡可以去闲约而致富裕者，不顾礼义而为之，凡可以厌无穷之欲者，不惜倒行逆施以营之。历观前史，极不仁者之所为，初不过为身家之谋，驯至生非常之望。倘国家多故，则安危利灾，虽辜恩倍德、覆人宗祀亦所不顾。及愿既遂矣，更有他人转相则劲，劫夺频仍，身亦及之，天下骚然，群生靡托，邪说暴行因是踵起，毒痛四海，延及后世。揆其肇端，不过由于不安久约久乐所致而已。惟仁者知者则不然。仁者操养纯固，无终食之违，造次于是、颠沛于是，无适不然，不待勉强。知者则深知不仁之害，乃益知仁之利，使柄人家国必以美利利天下。天下利矣，身亦与焉。一时之约乐因不足动其心也，以视不仁者徇利忘义贼天下并贼其身，其知愚得失为何如耶！呜呼！人亦何苦为不仁而不勉为仁者哉！

子曰述而不作章

此章乃圣人自述修学之旨，并示人以守先俟后、思不出位之志也。孔子之学，祖述尧舜，宪章文武，集群圣之大成，以为万世法。其功烈与尧舜文武比隆，而在当日则固有天德而无天位者也。当衰周之世，诸侯力政，不统于王，恶前王典宪之害己也，而皆去其籍。孔子惧，乃举先王之夫经大法修述以垂后世。未尝自居作者之圣，故首以述而不作自明。夫所以述而不作者，其故有二：一曰不敢作，二曰不必作。不敢作者何？

非天子不议礼、不制度、不考文，有位无德，不敢作礼乐，有德无位，亦不敢作礼乐。孔子作《春秋》以惧乱贼，亦因鲁史旧文加以笔削，述也，非作也。其懔出位之嫌至严，此所谓不敢作也。不必作者何？中古以来，列圣代兴，礼乐制度实已完备，周之东迁，政化不行，乃人亡政息，非前人典制之过也。孔子忧典制与人俱沦也，遂删述修赞以为后世法，此所谓不必作，而不能无述者也。云"信而好古"者，春秋时异端之说虽尚未朋兴，而实已开蔑古之渐，如诋先进之礼乐为野人，以后进之礼乐为君子，其好恶既已颠倒，孔子观史柱下，复历览百二十国之宝书，深知列圣典制固已尽美且善，信之既深，好之愈笃也。云"窃比于我老彭"者，老彭事实，说者不一，谓在商为守藏史，在周为柱下史，虽荒远难稽，然其人必老寿，必多识前言往行，其为史官似可信也。孔子以老彭自比者，意盖谓老彭为国家守典籍，我之删述修赞，亦为天下后世典守，俾先圣典章不至失坠已耳。其守先待后、思不出位之苦心，昭然若揭。后世妄人援《公羊》学家"黜周王鲁"之谬说，遂谓孔子为素王改制，以便其私。今又变本加厉，蔑古之风益炽。至欲将孔子所修述先圣先王之大经大法一举而摧陷之，人伦之祸宁有已时？故谨述此章之旨，以示学者，俾人人知圣人守先待后思不出位之苦心，邪说庶稍戢乎？

曾子曰士不可以不弘毅章

此章乃曾子明士之责任，以勉天下后世之为士者。"士不可以不弘毅，任重而致远"者，弘者，量之广，毅者，执之固，重者，任之艰，远者，行之难。量不广则志狭，执不固则中怠。志狭而中怠，未有能任巨行艰者也。所谓任巨行艰者何？曰仁而已矣，仁之行始于爱亲，推而极之，至于民胞物与、拨乱反正，其量至广，其事至艰。孟子之称伊尹曰："天之生斯民也，以先知觉后知，以先觉觉后觉。予，天民之先觉者也。予将以斯道觉斯民也。"又曰："思天下之民匹夫匹妇有不被尧舜之泽者，若己推而纳之沟中，此伊尹之任也。"孔子生乱贼之世，欲拨乱世而反之正，周游列国，手无斧柯，不得已归而修《春秋》以惧乱贼，修《孝经》为世准则，此孔子之任也。孟子以仁义倡导天下，卒莫之遇，而以正人心、息邪说、放淫辞、承三圣为己任，著书传后，为王者师，此孟子之任也。诸葛武侯生炎汉之季，辅蜀拒魏，不问成败利钝，以鞠躬尽瘁、死而后已自矢，此诸葛武侯之任也。此三圣一贤后先同揆，无他，仁以为己任而已。盖士为四民之首，其责任至重，世平治则隐居求志，行义达道；世渎乱则救世觉民，守先待后。一息尚存，此志不容少息，如此方能完士之责。今之世为何世乎？而号为士者，曲学阿世，扬波逐流，奄然以媚于世，无所怍愧，其善者则私居太息，不敢出一言，以撄当世之怒。士之责果安在乎？兹揭曾子之言以告天下。《诗》有之曰："凡民有丧，匍匐救之。"又曰诸父、兄弟、邦人、诸友"莫肯念乱，谁无父母"。呜呼！邦人君子其念之哉！

子曰后生可畏章

此章乃圣人诏人即时勉学，既以可畏期之，复以不足畏警之。士之学也，犹农夫之耕也，春耕夏耘秋收，此农之时也。幼学壮行，此士之时也。农失其时则穀不登，士失其时则学不成。又农之登穀，新旧相乘除，必豫储来岁之种，而后有尝新之望。盖天地之道往过来续，前哲既往，绍述之责则在后生。十室之邑必有忠信，承学之士，宜有以自勉矣。勉之如何？一曰立志，二曰惜时。古者十五而入大学，以孔子之大圣，其自述平生曰"吾十有五而志于学，三十而立，四十而不惑，五十而知天命"，学之如此之豫，成德尚如此之难，况常人乎？故士必先抱守先待后之志，果能勇往直前，择善固执，由博学明辨审问慎思而至笃行，由格物致知而至诚正修齐，积二三十年之岁月，未有不溃于成者，此后生之所以可畏也。又光阴如逝水，往而不复反，故禹惜寸阴，陶侃惜分阴，尝谓人生不外过去、未来、现在三界，此三界限固非均匀齐等也，所谓现在者谓之仅一秒钟可耳，过此一秒即为过去，未至一秒即为未来，现在一秒光阴应当如何爱惜？昔陆桴亭先生《思辨录》记一事曰："卧病初起，静坐调息，见日光斜入帐中，如二指许，因以息候之，凡再呼吸而光尽矣。因念逝者之速，人安可一息不读书、一息不进德？"循省此言，令人悚然汗下，故时过而后，学则勤苦而难成，倘因循坐误，此圣人所以有四十、五十无闻不足畏之叹也。方今正学式微，邪说方炽，此正士夫投袂奋发之时，宜即年少有为之日，先当具转移世界、不为世界所转移之志即时自励，日就月将，一旦天心悔祸，出其素蓄，以应当世之用，为天地立心，为生民立命，为先圣绍绝学，为万世开太平。鄙人老矣，已如圣人所谓不足畏，而不能不切望于我可畏之后生。

子曰三军可夺帅也章

此章朱子《集注》引侯氏曰："三军之勇在人，匹夫之志在己，故帅可夺而志不可夺。"其说至明确，今本其意而申之。学者为学，以立志为第一。子曰"志于道"、曰"隐居以求其志"、曰"吾十有五而志于学"，孟子答王子垫"士何事"之问曰"尚志"，故立志为学者人德之基，立志之先首在择善。凡人志于善则善，志于恶则恶，学者先宜明义利之辨、舜跖之分。由博学而审问、而慎思、而明辨、而笃行。《中庸》言学问思辨而继之以笃行者，盖择善必须固执，乃不致见异思迁。至操养纯熟，则金石不能喻其坚，死生不能易所守。孟子所谓"富贵不能淫，贫贱不能移，威武不能屈"者，夺于何有其所以致是者，以操之自我故也。彼三三军之帅威力之众宜莫之夺而可夺者，恃人之力故也。志在我者如此，力在人者如彼。吾人学圣人之学，志圣人之志，伤人道之穷，而思所以易之，其毋以匹夫自馁而有以遂其志也夫！

子曰知者不惑章

此章乃圣人示人以成德之事。人心之灵所赋异于天者，本来虚明真实而为物欲所蔽，则障碍丛生，因烛理之不明而惑生焉，因操养之未至而忧生焉，因志气之不同而惧生焉。在成德之士则不然。有知之德者，由格物致知驯至于诚意正心明德，既明此心虚灵不昧，凡天下事物之来是非邪正得失穷通无不烛照无遗。惑于何有？有仁之德者，涵养深纯，志道据德，隐居求志，行义达道，世隆则致君泽民，世衰则守先待后，乐天知命，欲仁仁至，忧于何有？有勇之德者，秉弘毅之资，养浩然之气，临大节、履大任，虽诸艰历试，不挫不挠，惧于何有？成德之效盖如此。今日者，纲常斁、人纪亡矣，邪说诐行盈天下，其在血气未定者如蛾之赴火、蚁之慕羶，而老成之士亦独居深叹，丧有生之乐、抱沦胥之惧，以为潮流如此，天运适然，不亦惑之甚乎！驯致天下人心日沦于惑忧惧，三者之中而无所措手足，不知天下自乱，吾心自治。今之学者宜以古之成德者自勉，讲明正学以拯已陷溺之人心，俾循三达德以行五达道，经正民兴，复我三千年文明之旧。此固今日之哑务，亦吾曹之责不容旁贷者矣。

孔子曰君子有三畏章

此章乃圣人以敬与肆判君子小人，欲人勉为君子勿为小人也。畏者，敬之发也。君子之持身也，以敬为主，于天人之际凛凛自将，惟恐一息怠慢乘之。今举君子所尤敬畏者三事。一曰天命。天命者，人所赋于天之正理，秉彝之好非由外铄，然操则存、舍则亡，故君子无日不戒慎恐惧，惟恐人欲之或肆，其畏天命也如此。二曰大人。大人者，有天德天位，本物则民彝所同有，而制为典常法纪以为天下法者也，循此典常法纪，则世治，悖之则世乱。君子谨遵当世之制，不敢稍有违越，所谓畏大人者，守典常重法纪也。三曰圣人之言。圣人者，世之先觉先知、立言以为天下则者也。君子服圣人之谟训，于一话一言无不反求诸身，惟恐其或戾，朝乾夕惕，莫或遑息，常存敬畏，以故修业则业进，修德则德成。而小人则反是，人欲流行，天赋之灵明梏亡且尽，既冥然不知天命之可畏，遂致以礼义为桎梏，以放诞为自然，驯至于非法侮圣，无所忌惮，尚何进德修业之可望乎？而其初则仅由敬肆分之，发端至微，卒致有君子小人之判，此圣人所以殷殷为学者勉且戒也。至于今日之小人，其无忌惮则又进矣。举三千年所谓天命治统圣道悉摧残之，人纪亡、贼民兴，将如孟子所谓率兽食人、人将相食。极小人无忌惮之害至于如此，试观今日之现状，乌得不叹我先圣之思深旨远哉！

子曰性相近也章

此章乃圣人示人以人性相近，而因所习之殊，遂有上智下愚之判，欲人慎所习也。古人论性，其说不一。告子言性无善无不善。或曰可以为善，可以为不善。至荀子乃言性恶，孟子则直言性善，并援《诗》语"民之秉彝，好是懿德"以证之，复引而申之曰，"孩提之童无不知爱其亲"，又言"今人乍见孺子将入于井，皆有怵惕恻隐之心"。又言，"乃若其情则可以为善"，故恻隐、羞恶、恭敬、是非四端为人心所固有，非由外铄。其言至明至确，顾善之与恶乃对待之辞，亦犹上下、尊卑、大小、精粗以比例而后见。不如孔子但言性近尤为简当不易。夫以孟子之祖述孔子，而易性近为性善者，盖因当时多误习为性；告子之言虽与性近相似，而其言囫囵，易滋流弊，故直揭性善之说以矫正之，实与孔子之言无殊也。此章之旨盖言习染之力甚大，能将秉彝之所固有而移易之，戒人以必习于善，始能保其所固有而进为知。苟习于恶，则将失其所固有，而成为愚。既知既愚矣，智者苟不恒其德，操存勿失，则智仍可移为愚；愚者苟一旦奋发，人一己百，则仍可复其本然，而移于善。然若二者积累不返，各造其极，遂成为上智与下愚，乃一成而不可易，始相近者于是终相远矣。圣人揭此以告人，深盼学者慎其所习，俾入于智，不入于愚，即已智、已愚者仍望其能转移其所习，以复其初，并以上智下愚之不可移警惕之，其勉人甚至、诲人甚切，学者所当玩味深省者也。

第三编　学术主张